A VOCAÇÃO DO COMUNICADOR CATÓLICO

Ir. M. Nilza P. da Silva

A VOCAÇÃO DO COMUNICADOR CATÓLICO

Teologia, Espiritualidade e Missão

EDITORA SANTUÁRIO Paulinas

Dados Internacionais de Catalogação na Publicação (CIP) de acordo com ISBD

S586v Silva, Ir. M. Nilza P. da

A vocação do comunicador católico: Teologia, Espiritualidade e Missão / Ir. M. Nilza P. da Silva. - Aparecida : Editora Santuário, 2025.
128 p. ; 14cm x 21cm.

Inclui bibliografia.
ISBN: 978-65-5527-500-1
ISBN: 978-65-5808-345-0 (Paulinas)

1. Religião. 2. Cristianismo. 3. Teologia. 4. Espiritualidade. 5. Missão. 6. Comunicação. I. Título.

CDD 240
2025-1107 CDU 24

Elaborado por Vagner Rodolfo da Silva - CRB-8/9410

Índice para catálogo sistemático:
1. Religião : Cristianismo 240
2. Religião : Cristianismo 24

Paulinas

Rua Dona Inácia Uchoa, 62
04110-020 – São Paulo – SP (Brasil)
Tel.: (11) 2125-3500
paulinas.com.br – editora@paulinas.com.br
Telemarketing e SAC: 0800-7010081

Direção Geral: Ágda França
Editora responsável: Maria Goretti de Oliveira

2ª impressão

Rua Pe. Claro Monteiro, 342 – 12570-045 – Aparecida-SP
Tel.: 12 3104-2000 – Televendas: 0800 - 0 16 00 04
www.editorasantuario.com.br
vendas@editorasantuario.com.br

Sumário

Abreviações

CIC	Catecismo da Igreja Católica
CPPMI	Conselho Pontifício para a Pastoral dos Migrantes e Itinerantes
DA	Documento de Aparecida
DCE	Deus Caritas Est
EG	Evangelii Gaudium
FT	Fratelli Tutti
DCIB	Diretório de Comunicação da Igreja no Brasil
DMCS	Mensagem para o Dia Mundial das Comunicações
DMP	Mensagem para o Dia Mundial dos Pobres
LG	Lumen Gentium
RPP	Rumo à Presença Plena

Apresentação

Nascida em uma família muito religiosa, crescida na "sacristia da Igreja", como afirma brincando, Irmã M. Nilza viveu desde cedo servindo a sua comunidade. Imbuída de espiritualidade, engajada em tudo e por tudo na Igreja, para a jovem Nilza, a vida consagrada era uma estrada natural, embora a decisão para isso não tenha sido fácil para ela. A oração e o amor a Deus, à Eucaristia e a Maria tornaram-na catequista, líder de grupo de jovens, formadora e uma grande comunicadora, daquelas que contagiam os outros com seu "olhar espiritual". E essa vivência tão especial de Igreja como família bem se reflete em suas palestras e publicações. A obra que nos entrega hoje, *A Vocação do Comunicador Católico,* é a primeira, mas não certamente a última etapa de seu percurso humano e profissional. Um dom espontâneo e generoso aos comunicadores católicos, agentes pastorais, líderes religiosos e a todos aqueles que desejam integrar fé e comunicação em sua missão evangelizadora.

O texto convida os leitores a serem instrumentos de transformação, a usar os meios de comunicação para promover uma cultura de paz, esperança e amor, sempre inspirados pelo Espírito Santo. Mas isso tudo se dá somente a partir do encontro com o Pai e com o Filho, "que acontece pela atuação dos dons do Espírito Santo em nossos corações". Cada bom comunicador deve, portanto, preparar o encontro com Cristo com carinho, para desfrutar plenamente de "sua beleza, de sua alegria e da mesma esperança, que não decepciona". E como efeito colateral... "bebendo desse amor tornamo-nos capazes de tecer laços fraternos, de reconhecer a dignidade de cada ser humano e de cuidar juntos da nossa casa comum" (Dilexit nos, 217).

Mas, como a comunicação, inspirada na fé cristã, pode ir além de estratégias técnicas e se tornar um ato de amor que transforma? Como promover encontros genuínos com Deus e com o próximo? Qual é nosso papel como comunicadores católicos hoje? E como nossa espiritualidade influi no modo como comunicamos? São algumas das questões respondidas pela autora, que desenvolve uma abordagem teológica e prática e mostra que a comunicação não é apenas uma ferramenta, mas uma vocação a serviço do anúncio do Evangelho.

Precisamente, o livro de Irmã M. Nilza explora com propriedade o papel de Jesus, da Trindade – Pai (origem), Filho (comunicador) e Espírito Santo (comunicação plena) – e de Maria – discípula comunicadora e mediadora – como modelos de comunicação; e reflete ainda sobre a missão de anunciar o Evangelho de forma respeitosa, eficaz e conectada com a realidade digital, ambiente onde o respeito pelo próximo e a busca pela verdade são indispensáveis.

Compartilhar a verdade, o bem e a beleza: um tema que merece destaque na obra, pois comunicar não é apenas transmitir informações, mas, como dito, é viver e partilhar a experiência de encontro com Deus. E de fato, "aquilo que dizemos e o modo como o dizemos, cada palavra e cada gesto, deveria poder expressar a compaixão, a ternura e o perdão de Deus para todos. O amor, por sua natureza, é comunicação", escreve papa Francisco (DMCS, 2016).

Ser um comunicador católico é uma missão nobre e exigente: "atuamos na mídia, a serviço de uma espiritualidade que dá sentido à vida", escreve a Irmã M. Nilza. A pergunta então surge espontânea: como exercer essa missão? Encontramos a resposta no Capítulo 5: levados pela força divina, sábios e sem medo, sentindo-nos acolhidos com ternura por Maria. Afinal, se ela nos ensinou a rezar sem complicação, a falar com Deus como uma pessoa próxima, sem ter medo de ser quem somos, levaremos, sim, a mensagem de Jesus e iluminaremos a história da humanidade com a Verdade, a Esperança e o Amor.

Comunicadores nos criou... Em seu texto, Irmã M. Nilza apresenta uma reflexão inspiradora sobre a comunicação como parte essencial da identidade humana, fundamentada na natureza divina. Se Deus Uno e Trino é o comunicador perfeito, que se revela continuamente em sua criação e em si mesmo, nós, como seres criados a sua imagem e semelhança, trazemos impressas em nossa essência as marcas dessa comunicação divina. A capacidade de criar, decidir livremente e oferecer ao outro aquilo que somos reflete em nós a imagem de Deus. Isso evidencia que a comunicação não é algo externo ou adquirido, mas intrínseco a nossa natureza. Criar é, de fato, uma forma de comunicação que transcende palavras e atinge o cerne da individualidade do autor. Quando alguém cria, seja uma pintura, uma música ou um texto, há um pedaço de sua essência em sua criação – sua visão de mundo, suas emoções, experiências e crenças.

A ideia de que "é impossível para uma pessoa não se comunicar" reforça essa realidade: até no silêncio, no olhar, na postura ou nas escolhas, estamos transmitindo algo de nós mesmos. "[...] Não se comunica só com as palavras, mas também com os olhos, o tom da voz, os gestos", escreve a autora (p. 105). A conclusão de que "não nos tornamos comunicadores ao atuar nas mídias, mas atuamos nelas porque temos em nós os traços divinos" é particularmente poderosa. A afirmação nos convida a reconhecer que nossas ações, em qualquer plataforma ou contexto, são uma extensão daquilo que já somos: seres criados para o diálogo, para a relação e a comunhão. Assim, comunicar é mais do que usar palavras ou meios; é um ato de expressar o que recebemos de Deus, de forma autêntica e responsável. A ideia de que quanto mais conhecemos o autor, mais conseguimos identificar suas características em sua obra reforça a noção de que a arte não é apenas uma manifestação isolada, mas uma extensão de quem a produz. É como reconhecer a "caligrafia" emocional ou intelectual do criador em sua obra, o que aproxima o público e o artista, criando uma conexão única.

Em um mundo frequentemente marcado por fake news, polarizações e superficialidade, o comunicador católico é chamado a ser uma voz profética. Ele deve denunciar as injustiças, defender os mais vulneráveis e promover os valores de justiça, paz e solidariedade. Não estamos aqui para buscar glória pessoal ou poder, mas para sermos um instrumento de Deus; mais do que as palavras, é nosso testemunho de vida que dá credibilidade à mensagem: um comunicador católico precisa viver aquilo que prega. Sua postura ética, sua maneira de tratar os outros e suas escolhas pessoais devem refletir os valores cristãos. O comunicador católico tem ainda o papel de promover o diálogo, a escuta e a empatia, ajudando a unir as pessoas, em vez de dividi-las. Isso é especialmente importante no contexto atual, em que tantas vozes competem por atenção, muitas vezes, incentivando o conflito.

E indo além do fervor espiritual, precisamos capacitar-nos também tecnicamente para exercer nosso papel com excelência. Isso inclui conhecer as ferramentas de comunicação, dominar técnicas e linguagens, e estar atentos às mudanças culturais. Temos uma enorme responsabilidade, pois carregamos conosco a missão de transmitir uma mensagem que ultrapassa o simples conteúdo humano: é a Palavra de Deus que deve ressoar por meio de nossas ações.

É preciso ser luz no mundo, assim como Cristo nos chamou: "Vocês são a luz do mundo. Não se pode esconder uma cidade construída sobre um monte" (Mt 5,14). Nosso serviço é um testemunho de fé e amor que visa transformar corações e construir uma sociedade mais humana e fraterna. Gostaria de concluir com as palavras da própria Irmã M. Nilza: "Todo autor deixa uma marca de si em sua obra e quanto mais conhecermos o autor, tanto mais o encontramos nas obras que ele realiza". E meu recado é: procure conhecer a autora, você vai reconhecê-la.

Cristiane Murray
Vice-diretora da Sala de Imprensa da Santa Sé

Introdução

Bem-vindo! Que bom que você chegou aqui! Você começa a ler um livro, cujo conteúdo introdutório desejamos que ajude a aprofundar sua teologia, espiritualidade e missão, como comunicador, e a encontrar o mais profundo sentido desta sua ação apostólica, que tanto bem faz para a sociedade. Cada parte deste livro foi trabalhada e acompanhada pela oração de súplica ao Espírito Santo e a entrega nas mãos de Maria, para que Ela, a grande mestra comunicadora, elaborasse seu conteúdo.

Por que comunicamos? Por que atuamos na comunicação, como Igreja Católica? De onde vem, qual o sentido e para onde queremos ir com essa atividade? A resposta para essas perguntas é uma peça fundamental para cada cristão comunicador, pois o ajuda a encontrar seu propósito pessoal e sua missão nessa atividade missionária que Deus o chama a realizar.

Em tempo de comunicação e ambiente digital, no qual o real e virtual cada vez mais se fundem, saber usar as ferramentas e estratégias para uma ação comunicativa eficaz é apenas uma das coisas necessárias para um missionário escolhido e enviado por Jesus. O cultivo da espiritualidade é uma "ferramenta" essencial que Deus nos oferece, a fim de que nossa atuação não seja somente ações estratégicas, mas que parta e conduza a um encontro pessoal e comunitário com o Senhor. Como apresenta o Diretório de Comunicação da Igreja no Brasil: "Sem a espiritualidade, o comunicador esvazia-se, fragiliza-se como sujeito e torna-se vulnerável às dificuldades que se apresentam ao longo do caminho" (332).

Papa Francisco diz que nossa cultura marcada pela Inteligência Artificial pode tornar-se mais humanizada e cristã, se encontrar "um novo tipo humano, dotado duma espiritualidade mais profunda, duma nova liberdade e duma nova interioridade. Neste tempo, que corre o risco de ser rico em técnica e pobre em humanidade, nossa reflexão só pode partir do coração humano. Somente dotando-nos de um olhar espiritual, apenas recuperando uma sabedoria do coração é que poderemos ler e interpretar a novidade de nosso tempo e descobrir o caminho para uma comunicação plenamente humana" (DMCS, 2024).

Esse "olhar espiritual" depende de cada um de nós, ninguém pode nos impor ou nos dar essa capacidade. Ele não vem do catolicismo intelectualista ou moralista, mas sim do estar com Deus, dedicar tempo para um diálogo com Ele e estar aberto para as graças com que Ele nos presenteia. Ele quer encontrar-se com cada comunicador, pois ama cada um como se fosse único. Somos comunicadores, escolhidos amorosamente por Deus e enviados por Ele a todos os lugares, a fim de prepararmos encontros profundos que preencham os corações de esperança e alegria. Comunicar é parte de nossa participação na vida de Deus Trino, à imagem do qual somos criados. Nascemos comunicadores e participamos de uma história sagrada, damos continuidade à Aliança que se iniciou com a criação e que vai se completar na eternidade.

Como modelo para nossa identidade de comunicador, "o Verbo se fez Carne" (Jo 1,14) e está em nosso meio, a fim de acompanhar-nos, com a força do Espírito Santo, até que, com Maria, cheguemos todos ao encontro plenamente feliz com o Pai. Maria é Mãe da mais perfeita comunicação, o Verbo Encarnado, e ninguém melhor do que ela, que conhece o mais íntimo de nosso coração, nossas virtudes e misérias, pode introduzir-nos nesse mistério comunicativo de amor e nos educar como autênticos comunicadores, por isso Ela está presente em cada capítulo deste livro.

Desejamos que esta leitura seja motivadora para sua atuação como comunicador católico. Não é necessário que siga os capítulos na disposição em que estão, você pode escolher o trajeto, e o aconselhamos a iniciar cada etapa da leitura com uma súplica para que Maria abra seu coração ao que o Espírito Santo lhe quer dizer e/ou ensinar. Boa trajetória!

1. Somos comunicadores escolhidos por Jesus

Esta é nossa identidade, o que nos diferencia de todos os outros que também atuam nas mídias para anunciar uma mensagem. Nós atuamos na mídia, a serviço de uma espiritualidade que dá sentido à vida. Anunciamos o que vivenciamos: "Não fostes vós que me escolhestes, mas eu vos escolhi e vos constituí para que vades e produzais fruto e vosso fruto permaneça" (Jo 15,16). O que fazemos pela comunicação na Igreja não começou conosco. Damos continuidade a uma missão em que tantas pessoas, antes de nós, já fizeram sua parte. Conhecer as histórias deles dão um *plus* para o que fazemos na atualidade. É importante olhar para eles, não para cultuar as cinzas, mas para que a chama que ardeu em seus corações abrase ainda mais o fogo divino que arde também em nós.

Somos comunicadores católicos, discípulos missionários, amados, escolhidos e enviados por Jesus, assim como um dia ele amou, chamou e enviou os 12 apóstolos e, em seguida, seus 72 discípulos: "Mandou-os, dois a dois, adiante de si, por todas as cidades e lugares para onde ele tinha de ir" (Lc 10,1),

O evangelista Lucas narra que os Apóstolos são enviados com poder e autoridade para expulsar o demônio, curar e, como comunicadores, pregar o Reino de Deus (Lc 9,1-2). Os discípulos são enviados para curar e para anunciar a proximidade do Reino, preparar as pessoas para o encontro com Jesus. É a Igreja que já se desponta, com hierarquia e leigos missionários, igualmente escolhidos e enviados por Deus, para partilhar com os demais o que vivenciam e ouvem no encontro pessoal com Jesus, para possibilitar a outros o mesmo encontro e a mesma alegria, a mesma esperança, que não decepciona.

Como sábio líder, o Filho de Deus compreende que a missão realizada em equipe dá melhor resultado, em grupo partilha-se os dons e os saberes, aprende-se a conviver com diferenças, a ceder e a aceitar as pluralidades. Onde dois ou três estão reunidos em nome de Jesus, Ele ocupa seu lugar na equipe e realiza o trabalho junto (Mt 18,20). Quando o centro do grupo é Cristo, a unidade torna-se mais fácil e, pelo testemunho, ajudamos o mundo a crer na Boa-Nova. Jesus reza ao Pai nesta intenção: "Que todos sejam um. Como tu, ó Pai, és um em Mim e Eu em ti, assim também eles sejam um em Nós, para que o mundo creia que tu me enviaste" (Jo 17,21).

1. Em todos os lugares

Em Gênesis 10, ao narrar a aliança de Deus com Noé e sua família, são descritas as 72 nações de seus descendentes. Esse número é interpretado como todas as nações da terra. Por isso o número de 72 discípulos enviados representa que eles são enviados para todas as nações e povos. Assim é também conosco, nosso campo de missão, como comunicadores, é "todos os lugares onde Jesus tem de ir". Se naquele tempo "todos os lugares" eram as cidades mais próximas, hoje, não há mais limites geográficos. A Igreja missionária continua a habitar os espaços geográficos, a estar lado a lado com todas as pessoas, e, soma-se a isso, nossa presença no ambiente digital, pelo qual alcançamos todos os cantos da terra, cada pessoa necessitada da presença de Jesus.

Papa Francisco, afirma que, em nosso tempo, "abrir as portas das igrejas significa também as abrir no ambiente digital, ou seja, para que as pessoas entrem, independentemente da condição de vida em que se encontrem... A comunicação concorre para dar forma à vocação missionária de toda a Igreja e as redes sociais são, hoje, um dos lugares onde viver esta vocação de redescobrir a beleza da fé, a beleza do encontro com Cristo... o testemunho cristão não se faz com o bombardeio de mensagens religiosas, mas com a vontade de se doar aos outros" (DMCS, 2014).

Já não caminhamos somente pelas ruas, mas chegamos às casas, aos corações, por meio das mídias impressas, pela TV, pelas rádios, e, pela internet, percorremos os caminhos digitais. Com um simples comando, as pessoas nos abrem as portas de seus olhares e ouvidos, pelos quais podemos alcançar o espaço privado de suas mentes e de seus corações. É esse o lugar onde Deus deseja entrar, onde Jesus tem de ir. Quanta responsabilidade temos!

Não entramos apenas em um espaço geográfico, mas com um click o outro abre-nos a porta de sua mente, o espaço de sua vida interior. Quanto respeito deve conter a mensagem que trazemos! Ao refletirmos sobre isso, quase ouvimos o Senhor nos dizer: "Tira teu calçado, porque o lugar onde estás é uma terra santa" (At 7,33). Ao chegar aqui com sua mensagem, não atua apenas como formador de opinião, mas de personalidade, como colaborador da graça na formação de consciências.

2. O que devemos dizer?

Vejamos como Jesus orienta o modo como seus enviados devem agir: "Em toda casa em que entrardes, dizei primeiro: 'Paz a esta casa!'" (Lc 10,5). Que lição importante! Ela dá clareza para a identidade e o estilo de nossa ação na comunicação: a primeira mensagem em tudo o que fazemos seja de "paz a esta casa"! Paz a esse espaço individual, que se abriu para ver, ouvir ou ler o que produzimos. Não temos o direito de invadir o íntimo de quem chega até nós, que, na maioria das vezes, não conhecemos profundamente e pode estar carregado de preocupações, de perguntas, desilusões ou alegrias, amores e realizações. "Partilhai com mansidão a esperança que está em vossos corações", escreve Pedro (cf. 1Pd 3,15-16), porque só uma mensagem de paz tem a força de abrir o coração de todos para acolher Jesus e é capaz de despertar para o bem, para o Príncipe da Paz, que virá depois ou por meio de nós e quer encontrar-se pessoalmente com o habitante "desta casa".

O Espírito Santo precisa agir em nós e por meio de nós, pois só quando uma comunicação é guiada pelo divino, ela é clara e não faz distinção de pessoas. Lemos que, após o acontecimento de Pentecostes, o anúncio dos Apóstolos era compreendido por todos: "Ouvimo-los publicarem em nossas línguas as maravilhas de Deus!" (At 2,11).

Ao aplicar isso na atualidade, vemos que é preciso anunciar o Evangelho na língua que as pessoas entendem e escolher as plataformas em que elas estão. Mas, ao mesmo tempo, é preciso falar "uma língua" entendida por todos, ou seja, é preciso comunicar com o coração: "Somos chamados a reverberar aquele amor divino que em Cristo nos atraiu e atrai... chamados a uma grande e emocionante tarefa: construir pontes, quando tantos constroem muros, os muros das ideologias; a de promover a comunhão, quando tantos fomentam a divisão; a de se envolver nos dramas do nosso tempo, quando muitos preferem a indiferença" (FRANCISCO, 31.10.2024).

O Dicastério para a Comunicação indica que, "em vez de agir como indivíduos, produzindo conteúdo ou reagindo a informações, ideias e imagens compartilhadas pelos outros, devemos interrogar-nos: como podemos cocriar experiências online mais saudáveis, em que as pessoas possam participar em conversas e superar divergências com um espírito de escuta recíproca" (RPP, 23).

3. As duas vias da comunicação

Como comunicador exemplar, Jesus sabe que a comunicação é uma estrada de duas vias, dar e receber, ou de acolher para entrar em comunhão, ser enriquecido e saber como partilhar. Transmissão de conteúdo de uma única via chama-se transmissão de informação, que faz parte da comunicação, mas não a define. É preciso saber acolher, receber. Por isso, ao enviar seus comunicadores, Jesus pede: "Em qualquer cidade em que entrardes e vos receberem, comei o que se vos servir" (Lc 10,8).

Ao mesmo tempo, como comunicadores católicos, precisamos estar conscientes de que não seremos bem recebidos em todos os lugares. Quando Jesus fala sobre os lugares "em que entrardes e vos receberem", ele nos convida a respeitar também aqueles que não nos recebem. Eles têm liberdade para isso. Um comunicador que quer ser recebido por todo mundo pode viver em crise de autoestima, segurança ou pode ser invasivo. Um autêntico comunicador católico segue o exemplo de Deus que, sem deixar de amar e cuidar, nunca obriga alguém a aceitar seu amor e sua graça.

Um exemplo disso é quando o centurião romano pede para Jesus a cura de seu servo, e Jesus começa a se dirigir a sua casa. Então, o estrangeiro pede que Jesus não continue a ir, mas que cure seu servo à distância, pois não se acha digno de recebê-lo. Esse Jesus, que se aproximava de tantas pessoas, que abraçava as crianças, que se deixava tocar pelos pecadores, agora, age diferente. Ele escuta com o coração, respeita o pedido do centurião, não força a acolhida, mas elogia sua fé e, dali mesmo, realiza a cura solicitada (Mt 8,5-15).

Como pede papa Francisco, "comprometamo-nos a viver e ensinar o valor do respeito, o amor capaz de aceitar as várias diferenças, a prioridade da dignidade de todo o ser humano sobre quaisquer ideias... É verdade que as diferenças geram conflitos, mas a uniformidade gera asfixia e neutraliza-nos culturalmente" (FT, 191). Acolhamos o Espírito Santo que atua também no que é diferente, como escreve Paulo: "Em um só Espírito fomos batizados todos nós, para formar um só corpo, judeus ou gregos, escravos ou livres; e todos fomos impregnados do mesmo Espírito" (1Cor 12,13).

Contudo, se aquele que nos encontrar também nos receber "em sua casa", então, Jesus nos aconselha: "Comei o que se vos servir" (Lc 10,8). A experiência que temos, especialmente pelas redes sociais, é que somos sempre "bem servidos" pelos que nos abrem a porta. As reações são rápidas e, em poucos minutos após uma publicação, já recebemos boas iguarias. Contudo, nem sempre o "sabor do alimento" é agradável a nosso paladar. Com as perguntas e comentários de pessoas interessadas em acolher, estão também as considerações, perguntas e acusações dos que querem nos calar, desacreditar ou destruir.

Somos enviados e sigamos o que o Mestre nos indica: "comei o que se vos servir". Atrás das palavras e mensagens que nos são servidas está "um morador que nos abriu a porta", que nos apresenta o melhor que tem dentro de si para ser oferecido e precisa ser escutado com os ouvidos do coração. "A escuta é uma dimensão do amor", diz papa Francisco (DMCS, 2022).

Antes de curar, Jesus acolheu, escutou, "comeu o que lhe foi servido" e digeriu o alimento, isto é, ele procurou entender o que havia por detrás das palavras, do pedido de cura, de um milagre. Há pessoas que só querem ser ouvidas e acolhidas, isso já as cura. Há outras que precisam de uma orientação sobre onde buscar respostas para suas perguntas, há os que precisam da cura do perdão, de perdoar ao outro e a si mesmo, de crer no perdão, e somos indicadores das portas abertas de nossa Mãe Igreja. Atrás da mensagem e do aparelho há uma pessoa, um ser humano, como todos somos: necessitados de amor, como condição essencial para se viver bem.

Em Mateus 9,22, uma mulher alcança um milagre, ao tocar as vestes de Jesus. Então, ele para, faz questão de olhar em seus olhos e escutá-la. Sua bondade a desarma de seu medo, por ter sido ousada, e ela lhe conta de sua dor e de sua cura. Então, Jesus louva a abertura e a confiança dessa mulher ao lhe dizer: "Tua fé te salvou". Quantas vezes, as pessoas tocam as telas, à espera de um milagre, de cura, de poder desabafar, de poder sentir-se parte da Igreja. Um comunicador tem sempre a oportunidade de agir como Jesus, interessar-se por aquela pessoa que, no meio de uma multidão de mensagens, simplesmente se aproxima e toca exatamente em nossas publicações.

Dediquemos tempo para olhar com amor, entender além das palavras e reações, acolher a opinião que nos é servida com generosidade. Isso pode motivar o outro a dar o primeiro passo de retorno, pode iniciar um processo de reconhecimento das imperfeições, gerar comunhão, ajudar a "curar os enfermos". A boa comunicação começa pela escuta e a consciência de que outra pessoa está diante de mim. A escuta e a consciência (da presença do outro) visam fomentar o encontro e superar os impedimentos existentes, inclusive o obstáculo da indiferença... Como podemos fortalecer as comunidades, a fim de que encontrem maneiras de superar as divisões e promover o diálogo e o respeito nas plataformas das redes sociais? Como podemos restituir o ambiente online àquilo que ele pode e deveria ser: um lugar de partilha, de colaboração e de pertença, baseado na confiança mútua?

Como crentes, somos chamados a ser comunicadores que caminham intencionalmente rumo ao encontro... orientando as conexões digitais para o encontro com pessoas reais, criando relacionamentos reais e edificando uma comunidade real" (RPP, 24-25).

É evidente que também há pessoas mal-intencionadas, que nos "servirão de sua comida" contaminada, para tentar nos desacreditar e desmoralizar a Igreja de Cristo. Somos enviados "como ovelhas entre lobos" (Lc 10,3). Isso é importante: sempre como "ovelhas", mesmo se estivermos entre lobos. Sem querer julgar e condenar aquele que não oferece coisa boa, porém, seguindo os passos do bom pastor, que ama em toda circunstância, nunca abandona, mas, está sempre à procura de um meio para salvar aquele que está ferido entre os espinheiros, porque, por algum motivo ou alguma experiência negativa, desviou-se no caminho.

Por fim, se fizermos de tudo e mesmo assim, a mensagem de Jesus não for aceita neste lugar, nada de desânimo. Jesus indica o caminho aos apóstolos: "Se não receberem vocês, saiam para as praças..." (Lc 10,10). Não fiquem parados e não desistam. Mas, sem desprezar os que se fecham, ampliem o olhar e vão ao encontro de outros, no lugar em que eles estiverem.

4. Preparar o encontro

Quem trabalha com jornalismo sabe da importância de não se esquecer da pauta. Sem isso, facilmente podemos ser manipulados pelo entrevistado, com más intenções, ou prejudicar todo um projeto de documentário. Quem mais perde é aquele que busca a verdade dos fatos. Jesus entende de comunicação e nos ensina a manter o foco. Depois de todas as recomendações sobre a proximidade, acolhida e escuta, Ele pede a seus comunicadores que finalmente falem o motivo pelo qual estão ali, juntos com os outros: "Dizei-lhes: o Reino de Deus está próximo" (Lc 10,9).

Esse é também o objetivo de nossa missão, como comunicadores católicos da atualidade: preparar o outro para um encontro pessoal com Jesus. Como já vimos, Jesus nos envia diante dele, como precursores que preparam o caminho para *onde ele tem de ir* (Lc 10,1). O centro da missão não somos nós mesmos. Mas, somos felizes quando damos o melhor que podemos, aperfeiçoamos nossos talentos, usamos as melhores metodologias e planejamentos para que o outro realize um encontro pessoal com Aquele que nos envia, com Jesus.

É importante e necessário acolher, compreender, escutar, ajudar a curar etc. No entanto, Lucas nos mostra que a meta da comunicação não pode permanecer somente no bem-estar, em mensagens de autoestima, em estímulos para a fraternidade. A comunicação que fazemos, como discípulos católicos, eleitos e enviados, precisa motivar para ir além de nós, para a realização da mais profunda saudade do coração humano: o encontro pessoal com Deus. É disso que virá a fraternidade, a consciência de valor pessoal e o compromisso com o cuidado da natureza.

"Sem descurar a prudência e o respeito, Cristo pede-te que não tenhas vergonha de reconhecer a tua amizade com Ele. Pede-te que tenhas a coragem de dizer aos outros que foi bom para ti tê-lo encontrado: 'Todo aquele que se declarar por mim, diante dos homens, também me declararei por ele diante do meu Pai que está no Céu' (Mt 10,32). Mas, para o coração enamorado isso não é uma obrigação, é uma necessidade difícil de conter: 'Ai de mim, se eu não evangelizar!' (1Cor 9,16)" (Dilexit nos, 211).

Um comunicador consciente de que é um enviado por Jesus também não mantém seu foco na mentalidade capitalista, alimentada pelos algoritmos, números de seguidores, likes, comentários e interações, que geram engajamento e aumentam o valor na monetização, mesmo quando esta seja sua fonte de renda. Lembremo-nos da atitude de Jesus perante os mercadores no Templo e cuidemos que ele não precise aplicá-la em nossa ação comunicativa. Aquele que comunica, a partir de seu encontro pessoal com o Mestre, crê que, mantendo-se fiel ao anúncio, tudo mais lhe será dado por acréscimo (Mt 6,36), pois Deus "recompensa os que o procuram" (Hb 11,6).

Se conduzirmos as pessoas para a realidade divina, se as ajudarmos a se prepararem para "ver Jesus" (Jo 12, 21), quando ele chegar "nessa cidade", nesse coração, as pessoas estarão abertas para reconhecê-lo, para acolher sua Palavra e realizar sua vontade.

Depois de termos feito tudo isso, Jesus não nos deve nenhuma obrigação. Somos servos inúteis que "fizemos o que devíamos fazer" (Lc 10,17). A história nos mostra que Ele sabe dar a recompensa, e esta é sempre melhor do que somos capazes de calcular. Quando essa recompensa não atinge nossas expectativas, é porque as calculamos de modo errado ou Ele quer nos ensinar a humildade, virtude pela qual um bom comunicador torna-se semelhante ao Mestre.

5. Vocacionados para a comunicação

Podemos crer que, antes dos apóstolos e discípulos serem enviados, houve um encontro pessoal de cada um deles com Jesus. Eles se sentaram para ouvi-lo e falaram com Ele. Jesus conhecia a capacidade e os limites de cada um, confiou que colocariam tudo isso a serviço do Reino de Deus, por isso Ele os escolheu e enviou. A outros discípulos, confiou outras tarefas, conforme seus talentos. Todos juntos construíram aquela comunidade que atraía tanto quanto a mensagem do mestre.

A Igreja precisa de pessoas vocacionadas para a comunicação. Jesus diz que a messe é grande e "poucos são os operários" (Lc 10,2). A função do operário é investir seu talento dentro de um projeto já traçado pelo mestre da obra. Ao atuar em unidade com seu líder de equipe, ele não perde sua autonomia e liberdade, mas une-se aos demais e contribui para a realização de algo grande, somando suas potencialidades às daquele que elaborou o plano e aperfeiçoando esse projeto com sua contribuição criativa.

O papa Francisco enfatiza que "não se deve pensar nesta missão de comunicar Cristo como se fosse algo apenas entre mim e Ele. Ela é vivida em comunhão com a própria comunidade e com a Igreja. Se nos afastarmos da comunidade, afastamo-nos também de Jesus... Os atos de amor para com os irmãos e irmãs da comunidade podem ser a melhor ou, por vezes, a única forma possível de exprimir aos outros o amor de Jesus Cristo. O próprio Senhor o disse: 'Por isto é que todos conhecerão que sois meus discípulos: se vos amardes uns aos outros' (Jo 13,35)" (Dilexit nos, 212).

Infelizmente, não são muitos os comunicadores que sabem ser "operários". Precisamos suplicar "ao Senhor da messe que mande operários para sua messe" (Lc

10,2). Que envie para a Igreja comunicadores que não se percam no caminho, por falta de coragem de anunciar, por medo de desagradar ou por falta de religiosidade, que não se desviem por ideologias, que têm um belo discurso, mas não sabem caminhar junto, por isso não preparam o caminho para o encontro com Jesus. A Igreja precisa de comunicadores que dediquem tempo para se encontrar, ouvir e dialogar com Aquele por quem são enviados, que anunciem a partir de seu próprio convívio com Jesus. Só na oração, no silêncio, em comunhão com a Igreja, alimentados pelos sacramentos e guiados pela doutrina, é que conseguimos ter clareza sobre o projeto de Deus para nossa pastoral da comunicação e para a evangelização por meio das mídias. Como ensina Santa Teresa de Calcutá: "Ao rezar, Jesus põe seu amor em meu coração e eu vou dá-lo a todos os pobres que encontro em meu caminho. Rezai vós também e vossos olhos se abrirão e vosso coração se encherá de amor" (ONU, 26.10.1985, apud DMP, 2024).

6. Um santo comunicador

Objetivamente, Deus não necessita da ajuda dos 12, dos 72 ou de algum de nós para comunicar sua mensagem. Ele é onipotente, onipresente e criou o mundo do nada. Deus é a comunicação perfeita. Apesar disso, Deus quer precisar de nós, comunicadores, para levar sua presença e sua Palavra, quer seja em textos, áudios ou imagens, quer seja pelo impresso, TV, rádio, cinema, internet ou outros meios. O Senhor nos conhece mais do que nós mesmos nos conhecemos e não nos pede mais do que somos capazes. Como reza o Salmo 138,1-4: "De longe penetrais meus pensamentos. Quando ando e quando repouso, vós me vedes, observais todos os meus passos. A palavra ainda não me chegou à língua e já, Senhor, a conheceis". Ele confia em você porque, desde o ventre de sua mãe, o fez comunicador como Ele.

Somos comunicadores católicos e pertencemos à grande família de Deus, fazemos parte de uma comunidade, com seus erros e acertos, carregada de pecados, mas abundante em graças, que se multiplicam pela boa ação de cada membro. Somos enviados para encontrar, anunciar, aprender e conduzir, porque Deus nos escolheu e nos capacita. Não porque somos mais exemplares do que outros, mas porque Ele nos ama e confia em nosso esforço diário, para testemunhar em santidade diária a mensagem que levamos. Deus sabe da capacidade que nos deu e também da alegria que sentimos em colaborar para a construção de seu Reino. O Senhor nos envia, da mesma forma como enviou seus Apóstolos e discípulos, e podemos ser santos como eles são. Acreditem: meu caminhar como comunicador me santifica!

Um exemplo de comunicador consciente do chamado e da missão é São Titus Brandsma, jornalista holandês, que usou as mídias para publicar textos corajosos em defesa da liberdade de informação, da dignidade humana e para orientar a sociedade contra as ideologias do nazismo.

Uma carta sua, de 31 de dezembro de 1941, enviada para todos os jornais católicos da Holanda, exortando-os a não publicarem mais artigos que divulgassem o Movimento Nacional Socialista, foi o pretexto para sua prisão e condenação ao Campo de Concentração de

Dachau, na Alemanha. Na força do Espírito Santo, Titus testemunhou também ali sua fé e manteve-se sereno, mesmo nos maiores sofrimentos. Morreu mártir, aos 61 anos, em 26 de julho de 1942.

Ao mesmo tempo em que era ousado no anúncio, ele era aberto para acolher e escutar todos. A enfermeira, que aplicou nele a mortífera injeção de ácido fênico, relata no interrogatório do processo para a canonização do jornalista sua compaixão para com ela: "Quando ele estava em seus últimos momentos de vida: ele pegou minha mão e me disse: 'Você é uma pobre jovem e eu rezarei por você!'" Um grande exemplo de quem manteve o foco da comunicação até o fim e, pelo que transmitiu em suas últimas palavras, continua também no céu a contribuir para criar pontes entre Deus e os homens. Ele interceda por nós!

Saibamos lidar com tensões, a fim de que o que nos une seja maior do que aquilo que pode dividir. A Trindade Santa, origem e fim de toda comunicação, é nosso modelo de unidade na diversidade, de missões específicas que se fundem e se complementam. Este é o tema do próximo capítulo.

7. Maria, discípula comunicadora

Ela é a Nossa Senhora da Comunicação, porque nos antecedeu como discípula e missionária de seu Filho Jesus. No Documento de Aparecida, os bispos da América e Caribe a chamam de "interlocutora do Pai em seu projeto de enviar seu Verbo ao mundo" (DA, 266). Isto é, Deus Pai a inseriu em seu plano de salvação e dialoga com ela, como Lucas narra ao descrever a anunciação (Lc 1,26-38).

Ela escuta o desejo de Deus, quando Gabriel lhe diz que sua prima está gestante, e imediatamente parte, levando pelos caminhos o Verbo encarnado. Ela entra na casa de Isabel e a saúda, transmitindo-lhe toda a graça do Filho de Deus. Isabel acolhe o Espírito Santo, alegra-se e entoa seu canto de louvor: "Bem-aventurada és tu que creste" (Lc 1,45).

A comunicadora do Pai não se centra em si mesma, não se faz arrogante ou envergonhada. Ela transcende a realidade e declama, comunica, um dos mais belos poemas em seu Magnificat, exaltando as grandes coisas que Deus realizou em seu ser, em favor de todo o seu povo. Sem fazer alardes, com a intenção de atrair seguidores, Ela acolhe em si as necessidades de sua prima e permanece junto dela, servindo-a, até o nascimento de João Batista. Durante toda a vida de Jesus, depois em Pentecostes e na história da Igreja, Maria permanece sempre como a mediadora de encontros com seu Filho.

O Documento *Lumen Gentium*, do Vaticano II, dedica todo o capítulo 8 a Ela e afirma que, em sua ação apostólica, a Igreja olha para Maria, escolhida pelo Pai para gerar Cristo e que Ele "nasceu da Virgem, precisamente para nascer e crescer também no coração dos fiéis, por meio da Igreja. (Em sua vida) a Virgem é exemplo daquele afeto maternal de que devem estar animados todos quantos cooperam na missão apostólica que a Igreja tem de regenerar os homens" (LG, 65).

Maria nos ajuda a viver a filiação recebida no batismo: "Maria, Mãe, desperta o coração do filho adormecido em cada homem. Assim, nos leva a desenvolver a vida do batismo pela qual nos tornamos filhos" (Puebla, 295). O Documento de Aparecida completa que Maria é colaboradora no renascimento espiritual dos discípulos. Eles "encontram a ternura e o amor de Deus no rosto de Maria. Nela veem refletida a mensagem essencial do Evangelho" (265).

Roguemos para que Ela nos ensine a sermos comunicadores que encarnam na vida as palavras daquele que nos escolhe e nos envia; que como Maria ajudam a despertar a vida divina que cada um traz dentro de si.

2. Trindade: origem, modelo e meta da comunicação

"O mistério da Santíssima Trindade é o mistério central da fé e da vida cristã" (CIC, 234). É o mistério que apresenta o ser de Deus: o Pai, o Filho e o Espírito Santo. Um só Deus em três pessoas distintas, uma família perfeita de três pessoas, em permuta permanente de amor infinito. Trata-se do mistério de um perfeito relacionamento, perfeita comunicação e comunhão, a plenitude do Amor.

Papa Francisco ensina que "o Pai não o seria sem o Filho; da mesma forma, o Filho não pode ser pensado sozinho, mas sempre como o Filho do Pai. E o Espírito Santo, por sua vez, é o Espírito do Pai e do Filho. Em resumo, a Trindade nos ensina que nunca se pode ficar sem o outro. Não somos ilhas, estamos no mundo para viver à imagem de Deus: abertos, necessitados dos outros e necessitados de ajudar os outros" (Angelus, 12.6.2022). O Papa diz também que "Deus não é solidão, mas Comunhão e Amor e, consequentemente, comunicação, porque o amor sempre se comunica" (DMCS, 2019).

Desse modo, a comunicação humana tem seu fundamento na essência da Santíssima Trindade, somos criados a sua semelhança, o Amor está em nós e temos uma aliança com Deus. Toda a história da salvação descrita na Bíblia é a narração da aliança que Deus verdadeiro e único selou conosco e a resposta que damos a Ele. Amar e ser amado faz parte da essência de nossa identidade, somos amados pelo Amor e amamos o Amor.

"A espiritualidade do comunicador, bem como toda a espiritualidade da Igreja, inspira-se na Trindade, modelo da perfeita comunicação e da comunhão no amor" (DCIB, 332). Ser um comunicador é manter em movimento essa torrente de amor, é relacionar-se, fazer-se próximo e proporcionar vínculos, como expressão da perfeita relação de amor, de comunhão e de alteridade que existe na Trindade. A comunicação em Deus Trino é modelo e meta a ser alcançada por nós, como indivíduos e como comunidade.

1. Deus Pai, o comunicador

Deus Pai é o princípio de onde se origina toda a vida. O Amor é criador e não faz outra coisa senão se comunicar, num transbordamento de si. Ao chamar a Deus com o nome de Pai, a linguagem da fé indica principalmente dois aspectos: que Deus é a origem primeira de tudo, a autoridade transcendente, e, ao mesmo tempo, é bondade e solicitude amorosa para com todos os seus filhos.

A Sagrada Escritura nos narra a onipotência de Deus Pai: "As nações são para ele apenas uma gota de água em um balde, um grão de areia na balança" (Is 40,15). Mas narra também sua onipresença, sua proximidade paterna que nos ama e, com ternura, se comunica (Os 11,4), que sempre nos acompanha e cuida de cada um (Lc 12,28), que nos acolhe e perdoa, que faz uma festa quando voltamos arrependidos (Lc 15,11-32). Quando a comunicação com Ele é rompida, pelo pecado, o Pai não abandona a humanidade que dele se afasta, mas sente compaixão, e para restaurar a comunicação, envia-nos seu Filho e nos faz filhos no Filho.

A paternidade de Deus é a essência da mensagem que Jesus nos comunica e a razão pela qual Ele entregou sua vida: "Eu sou o caminho, a verdade e a vida. Ninguém vem ao Pai senão por mim" (Jo 14,6). Ele não apresenta o Pai somente por palavras e atos, mas ele próprio é a face do Pai para nós: "Quem me vê, vê o Pai" (Jo 14,9). Papa Francisco chama-nos a atenção ao fato de que, ao acolher essa mensagem de Jesus, a pessoa se liberta: "Depois de ter conhecido Jesus e ouvido sua pregação, o cristão já não considera Deus como um tirano que se deve temer, já não tem medo, mas sente florescer em seu coração a confiança nele: pode falar com o Criador chamando-o 'Pai'!" (Catequese, 16.1.2019).

"Quando o Filho se fez homem, todos os desejos e aspirações de seu coração humano se dirigiam ao Pai. Se vemos como Cristo se referia ao Pai, podemos constatar este fascínio de seu coração humano, esta orientação perfeita e constante para o Pai. Sua história nesta nossa terra foi um caminhar sentindo em seu coração humano um apelo incessante para ir ao Pai" (FRANCISCO, Dilexit nos, 72).

Todas as orações litúrgicas, no Rito Romano, indicam o Pai como meta final. Um exemplo está na doxologia, que conclui a oração eucarística: "Por Cristo, com Cristo e em Cristo, a vós, Deus Pai todo-poderoso, na unidade do Espírito Santo, toda a honra e toda a glória, por todos os séculos dos séculos".

Para algumas pessoas, a mensagem sobre a paternidade divina pode causar incômodos e sofrimentos, devido a experiências negativas com seus progenitores que, "de certo modo, são os primeiros representantes de Deus para o homem. Mas os progenitores humanos são falíveis e podem desfigurar a verdadeira face da paternidade e da maternidade. Convém, então, lembrar que Deus transcende a paternidade e a maternidade humanas. Ninguém é pai como Deus" (cf. CIC, 239).

Como afirma papa Bento XVI: Acolher "o amor de Deus por nós é uma questão fundamental para a vida e coloca questões decisivas sobre quem é Deus e quem somos nós" (DCE, 2). Aceitar com fé a comunicação divina sobre o amor paternal misericordioso de Deus Pai pode curar as possíveis experiências contrárias em relação ao pai e a mãe e, ao mesmo tempo, curar-se interiormente, por meio do perdão, das possíveis vivências negativas em relação ao pai e a mãe. Isso liberta o coração para acolher a comunicação do amor e tornar-se um comunicador desse amor para os demais.

O Catecismo da Igreja diz ainda que "esta ternura paternal de Deus também pode ser expressa pela imagem da maternidade, que indica melhor a imanência de Deus, a intimidade entre Deus e sua criatura" (239). Deus não somente cria cada um de nós, como um exemplar único, irrepetível, mas, quer viver em aliança com cada um de seus filhos. Pelo batismo, em Cristo, nós nos tornamos filhos de Deus. No Pai-nosso, o Filho nos ensina em forma de oração o mais profundo sentido da comunicação: Somos todos irmãos, filhos do mesmo Pai. Vivemos essa filiação quando santificamos seu nome e fazemos sua vontade: Que não haja necessitados entre nós e que vivamos unidos, protegendo-nos assim de todo o mal.

Quando quebramos a Aliança, Deus pensa em nós com amor de Pai, Ele se "aprimeira", como diz papa Francisco, e nos oferece a possibilidade de retomarmos a comunicação com Ele, de modo ainda mais profundo do que antes do pecado. "Deus nunca se cansa de nos perdoar", assegura o Papa, em várias oportunidades. Por isso, como filhos de Deus, somos chamados também a nos comunicar com todos, sem exclusão. Particularmente próprio da linguagem e das ações da Igreja, é comunicar essa misericórdia da paternidade divina, para tocar o coração das pessoas e sustentá-las no caminho rumo à plenitude daquela vida que Jesus Cristo, enviado pelo Pai, veio trazer para todos (cf. DMCS, 2016).

Comunicar é ser um bom samaritano, acolher, escutar, curar, partilhar pelo caminho, motivar e ser motivado para continuar. Seguimos nos passos de Jesus e sabemos para onde vamos. Nosso caminho é de volta: Vamos ao Pai! Esta é a essência dos ensinamentos de Jesus, a razão pela qual Ele veio até nós e quer encontrar-se pessoalmente conosco.

Papa Francisco escreve: "Jesus se apresenta como o caminho para ir ao Pai: 'Eu sou o caminho... Ninguém pode ir ao Pai senão por mim' (Jo 14,6). Ele quer conduzir-nos ao Pai. É por isso que a pregação da Igreja, desde o início, não nos detém em Jesus Cristo, mas nos conduz ao Pai. Ele é quem, por fim, enquanto plenitude originária, deve ser glorificado... O Pai é Aquele a quem estamos destinados (cf. 1Cor 8,6). Por isso, São João Paulo II dizia que 'toda a vida cristã é como uma grande peregrinação para a casa do Pai'" (Dilexit nos, 70).

Como filhos do Pai, somos continuadores da missão de Cristo. Portanto, toda comunicação de inspiração católica só faz sentido se, em Cristo, na força do Espírito Santo, favorecer e promover um relacionamento pessoal, de filho, com o Pai. Para isso, precisamos do Espírito Santo!

2. O Espírito Santo é a comunicação

O Espírito Santo é o amor que une aquele que ama (Deus Pai) ao que é amado (Deus Filho), a terceira pessoa da Santíssima Trindade é a plena comunicação. O Catecismo da Igreja nos ensina que "sem o Espírito não é possível ver o Filho de Deus e sem o Filho ninguém tem acesso ao Pai, porque o conhecimento do Pai é o Filho e o conhecimento do Filho de Deus faz-se pelo Espírito Santo" (683).

Sua atuação gerou o Verbo, o Filho do Pai, no ventre de Maria, e tornou o Filho visível para nós. No momento da Anunciação, ao ser questionado sobre como o Filho de Deus seria gerado, o Anjo Gabriel responde para Maria: "O Espírito Santo descerá sobre ti e a força do Altíssimo te envolverá com a sua sombra. Por isso, o ente santo que nascer de ti será chamado Filho de Deus" (Lc 1,35). Ao explicar para José, em sonho, que Maria gerava a segunda pessoa da Santíssima Trindade, disse-lhe o anjo: "José, filho de Davi, não temas receber Maria por esposa, pois o que nela foi concebido vem do Espírito Santo" (Mt 1,20). Desse modo, o Santo Espírito é aquele que faz com que a Palavra do Pai se concretize, chegue até nós e se torne compreensível.

Não é esta também a missão de um comunicador cristão? Nosso trabalho é colaborar para que a Palavra de vida e salvação chegue a todos os lugares e alcance os corações. Para isso, nosso próprio coração precisa abrir-se para o Espírito, como o de Maria e de José. É Ele quem, além de gerar, revela o Filho em toda a sua grandeza e seu mistério: "Ninguém pode dizer 'Jesus é o Senhor' a não ser pela ação do Espírito Santo" (1Cor 12,3). Ao mesmo tempo, Ele revela o Pai: "Deus enviou a nossos corações o Espírito de seu Filho, que clama: 'Abbá! Pai!'" (Gl 4,6). Portanto, o encontro com o Pai e com o Filho acontece pela atuação dos dons do Espírito Santo nos corações.

Vemos nitidamente isso no início da Igreja. Os Apóstolos viveram com Jesus durante três anos, escutaram suas palavras e viram os milagres que Ele realizava. Mesmo assim, na hora de seu sofrimento e morte na cruz, com exceção de João, todos fogem. Eles têm medo, estão inseguros, não veem com clareza, pois, ainda não compreendem seu mistério. Jesus ressuscita e aparece a eles, realiza ainda outros milagres, confia-lhes a missão de anunciar o Reino e sobe ao céu. Apesar de terem visto e vivido coisas maravilhosas, eles ainda não conseguem compreender o suficiente tudo isso, para saber como comunicar. Por isso, ao despedir-se dos Apóstolos e confiar-lhes a missão de anunciar o Reino do Pai, Jesus promete: "O Espírito Santo, que o Pai enviará em meu nome, ele vos ensinará todas as coisas e vos recordará tudo o que eu vos disse" (Jo 14,26).

Após a Ascensão do Senhor, encontramos os Apóstolos de volta no Cenáculo. O que fazem? Traçam planos estratégicos de como iniciar a pregação? Criticam os que mataram Jesus? Acusam-se mutuamente e se afundam na culpa pelos atos de covardia que cometeram? Nada disso. Eles estão unidos em oração com Maria (At 1,14). Reconhecem suas fraquezas e fazem delas uma oportunidade para se tornarem mais humildes e abertos para a graça, para isso, suplicam o Espírito prometido pelo Mestre. Estes, que antes queriam fazer descer o fogo do céu e destruir os que não quiseram receber Jesus (Lc 9,54), agora reconhecem que ainda não o "receberam" o suficiente em si mesmos e precisam do fogo divino para que entendam a Palavra eterna.

Conhecemos o que se deu em Pentecostes: os seguidores de Jesus foram transformados pela força do Espírito Santo, que veio sobre cada um, em sua plenitude. Então, tudo fica claro. Até então temerosos, eles se tornam destemidos e sábios comunicadores do Reino. A mensagem que levam já não é só palavra, mas ela tem o poder de incendiar corações, pelo fogo do entusiasmo, e iluminar as mentes. Os que os escutam quase não podem crer que estes que falam são as mesmas pessoas de antes, estão impressionados, admirados, atônitos, sem saber o que pensar. Questionam entre si quem são esses homens novos: "Não são, porventura, galileus todos estes que falam?" (cf. At 2,7-11).

De fato, os Apóstolos se tornam novas criaturas, pois criar é próprio do Espírito Santo. "Criação e redenção não podem ser separadas e formam, em profundidade, um único mistério de amor e salvação", explica Bento XVI (Pentecostes, 2011). O Espírito, que pairava sobre as águas e que entra em ação quando Deus diz "faça-se!" (Gn 1,2), continua presente também hoje e sempre entra em ação com o "faça-se" criador. Por isso cada comunicador precisa rezar e suplicar antes, durante e depois de cada criação. O anúncio do Reino não é uma obra meramente humana, toda boa comunicação não é só o resultado do bom uso das técnicas, ferramentas e estratégias, mas é a continuidade do ato criador do Espírito Santo. Daí, a importância e a necessidade de que cada comunicador pratique a oração e receba os sacramentos, pois em cada prece e Sacramento, acolhemos a força criadora do Espírito Santo.

Cada Sacramento é uma comunicação de Deus, que também espera nossa resposta à mensagem de seu amor. Pela unção com o óleo do Batismo e do Crisma, recebemos seus sete dons, na Confissão (Penitência) a força do Santo Espírito nos purifica, na Eucaristia nos fortalece e nos une a Cristo e nele ao Pai. Ele nos cura com a Unção dos Enfermos, consagra no Sacramento da Ordem e fortalece o amor, pelo Matrimônio. Em cada Sacramento, os fiéis participam na compreensão e na transmissão da verdade revelada. Todos recebem a unção do Espírito Santo que os instrui e os conduz "à verdade total" (Jo 16,13) (cf. CIC, 91).

Precisamos do Espírito Santo, que atua pelos Sacramentos, se queremos realizar uma comunicação acertada, alcançar os corações e ajudar as pessoas a terem um forte vínculo com Jesus. Precisamos abrir nosso coração e ajudar outros a fazerem o mesmo, a fim de que o Espírito Divino atue livremente, na força do Amor, e faça novas todas as coisas, transforme, lave, cure e santifique.

Na mensagem para o Dia Mundial da Comunicação, em 2023, papa Francisco diz: "Sonho uma comunicação eclesial que saiba deixar-se guiar pelo Espírito Santo, gentil e ao mesmo tempo profética, capaz de encontrar novas formas e modalidades para o anúncio maravilhoso que é chamada a proclamar no terceiro milênio. Uma comunicação que coloque no centro a relação com Deus e com o próximo, especialmente o mais necessitado, e esteja mais preocupada em acender o fogo da fé do que em preservar as cinzas de uma identidade autorreferencial. Uma comunicação, cujas bases sejam a humildade no escutar e o desassombro no falar e que nunca separe a verdade do amor".

Só faz uma comunicação autêntica aquele que se empenha para viver em intimidade com o Espírito Santo que "prepara a Igreja para o encontro com o seu Senhor... torna presente e atualiza o mistério de Cristo pelo seu poder transformante e, enquanto Espírito de comunhão, une a Igreja à vida e à missão de Cristo" (CIC, 1092).

Antes de comunicar Deus às pessoas, comuniquemo-nos com a Comunicação Divina, para que Ela fale em nós e por meio de nós. Como na liturgia de Pentecostes rezamos: "Vem, Pai dos pobres. Vem, Doador de graças. Vem, Luz dos corações... Sem a luz que acode, nada o homem pode, nenhum bem há nele. Ao sujo lavai, ao seco regai, curai o doente. Dobrai o que é duro, guiai no escuro, o frio aquecei". Vinde, Espírito Santo, comunicação na Trindade!

3. Jesus é o Verbo de Deus

No Novo Testamento, Deus já não se comunica conosco somente pelos profetas e por sinais. Mas, Ele mesmo, a segunda pessoa da Trindade, torna-se em tudo humano como nós, menos no pecado. A Palavra do Pai, pronunciada desde a criação do mundo, que fez arder a sarça diante de Moisés, que fez os profetas estremecerem, o "Deus escondido" (Is 45,15), faz-se Pessoa humana, pelo ventre de Maria: "O ente santo... chamado Filho de Deus" (Lc 1,35).

Deus Filho é a realização de todas as promessas e profecias que os comunicadores de Deus nos transmitiram no Antigo Testamento. Ninguém, jamais havia pensado que a comunicação plena de Deus todo-poderoso se tornasse Ele mesmo, em pessoa. Como João escreve, com perceptível assombro: "No princípio era o Verbo, o Verbo estava junto de Deus e o Verbo era Deus... **E o Verbo se fez carne e habitou entre nós**, e vimos sua glória, a glória que o Filho único recebe de seu Pai" (Jo 1,1-14). Deus feito homem vive nossa realidade, entende-nos porque sente, ama, alegra-se e sofre como nós.

Jesus é o Filho enviado do Pai, é o Comunicador e ao mesmo tempo o Comunicado. Ele é "meio e mensagem". "É por isso que os Apóstolos confessam que Jesus é 'o Verbo (que) estava (no princípio) junto de Deus' e que é Deus (Jo 1,1), 'a imagem do Deus invisível' (Cl 1,15), 'o resplendor de sua glória e a imagem de sua substância' (Hb 1,3)" (CIC, 241).

Um dos segredos de ser um bom comunicador cristão é não perder a admiração e a surpresa perante o milagre da encarnação, para descobrir sempre o "novo" nesse gesto de amor infinito do Pai para com cada um de nós. Quão felizes somos por conhecermos Jesus, incorporarmo-nos nele, recebê-lo na Eucaristia e podermos ser um com ele. Nós não somente ouvimos ou lemos a comunicação de Deus, mas nós a vemos e nos encontramos com ela. Como escreve São Paulo: "Nos tempos antigos, muitas vezes e de muitos modos, Deus falou aos antepassados por meio dos profetas. No período final em que estamos, falou-nos por meio do Filho" (Hb 1,1-2).

O evangelista Mateus partilha que, em uma ocasião, Jesus havia contado uma parábola para a multidão e, depois, os discípulos pediram a ele que lhes explicasse qual era a mensagem que ele realmente queria dar por meio dela. Ao terminar de explicar, o Filho de Deus quer torná-los conscientes do momento extraordinário, que significa estar com Ele e ouvi-lo. Então, diz-lhes: "Bem-aventurados vossos olhos, porque veem! Ditosos vossos ouvidos, porque ouvem! Eu vos declaro, em verdade: muitos profetas e justos desejaram ver o que vedes e não o viram, ouvir o que ouvis e não ouviram" (Mt 13,16-17). Se estivermos sempre lembrados do quanto somos bem-aventurados, nosso coração será também sempre grato e seremos motivados a estar mais vezes em oração, na presença eucarística do Verbo encarnado do Pai.

Felizes somos nós que conhecemos Cristo, a ternura do Pai que se encarnou, para que nos abramos a seu amor. Seu anúncio é que Deus é um Pai que nos ama. Deus amou de tal modo a humanidade que enviou seu Filho ao mundo. Jesus, então, o Filho, fala-nos do Pai e de seu imenso amor. Ele é unido indissoluvelmente ao Pai "Eu e o Pai somos um" (Jo 10,30), é a face humana do Pai: "Quem me vê, vê o Pai!" (Jo 14,9). Suas palavras são palavras do Pai: "Não falei por mim mesmo, mas o Pai, que me enviou, ele mesmo me prescreveu o que devo dizer e o que devo ensinar" (Jo 12,4).

Incorporados em Cristo, pelo batismo, cada um de nós se torna também filho do Pai, isto é, a graça batismal nos torna também comunicadores e testemunhas do amor que circula na Trindade Santa e que move nosso ser. "O cristão encontra em Jesus, o comunicador perfeito, a primeira referência em sua atividade pastoral. Jesus, na perspectiva da Trindade, é o modelo da comunicação humana que gera proximidade e interação...

Jesus é o rosto humano da Trindade. Ele a revela e a comunica na encarnação, por meio de suas palavras e ações, a ponto de podermos dizer: 'Ninguém jamais falou como esse homem' (Jo 7,46). Em sua missão redentora e libertadora, mostra que somos todos amados por Deus e, por sua vez, se espera que todos lhe correspondam no amor, tanto no relacionamento com Ele como nas relações com os irmãos: 'Se vocês tiverem amor uns aos outros', disse Jesus a seus discípulos, 'todos vão reconhecer que vocês são meus discípulos' (Jo 13,35)" (CASTRO, 2024).

Assim como em Cristo, tudo em nós comunica. O que produzimos para as mídias é apenas a ponta do iceberg do que somos e exercerá tanto mais influência positiva, quanto mais também em nós "o meio e a mensagem" se fundirem. O que expressamos no conteúdo que transmitimos precisa testemunhar nossa vida em Cristo, pelo dom do Espírito Santo. Logo, comunicar no sentido cristão é um "serviço à Palavra e da Palavra", como escreve o Papa Bento XVI (DMCS, 2010).

"O desejo e a obra do Espírito no coração da Igreja é que nós vivamos da vida de Cristo ressuscitado" (CIC, 1091). A criação que fazemos, quer seja em artes, textos, músicas, vídeos ou outra coisa, nada mais é do que a ação do Filho que, pelo Espírito Santo, ama o Pai em mim e, por meio de mim, ama o Pai e a todos os irmãos. "Eu vivo, mas já não sou eu; é Cristo que vive em mim. Minha vida presente, na carne, eu a vivo na fé no Filho de Deus, que me amou e se entregou por mim" (Gl 2,20).

Iniciar o trabalho com um sinal da cruz, ganha assim um novo sentido: inserimos nossas ações no mistério da Trindade. Somos instrumentos que, em Cristo e na força do Espírito Santo, colaboram para a glória do Pai e a edificação de seu Reino, aqui na terra. Que felicidade a nossa!

4. Inclinemo-nos perante esse mistério

Na Trindade, embora sejam três pessoas com identidades próprias, acontece a plena comunhão de um no, com e para o outro, a perfeita unidade, que torna um só Deus. O Pai nos oferece o Filho e, só em Cristo, vamos a Ele, guiados pelo Espírito Santo, que esclarece tudo e clama em nós: Abba Pai!

Quando se fala da Santíssima Trindade, são poucos os que a veem como um Deus que é muito próximo de nós. Alguns católicos já me disseram que fogem do assunto, quando se tem que falar da Trindade, pois é algo muito incompreensível. A verdade sobre a Trindade pode permanecer como aquele livro muito famoso, mas, teórico demais, que a gente tem e não descarta da biblioteca, porque tem consciência sobre seu valor, mas ele permanece sem efeito em nós, porque sua leitura exige mais do que estamos acostumados.

Há o perigo de duas tendências, perante o mistério: ou não se afirmar, por não se curvar perante aquilo que não se entende, ou se criar um "misticismo doentio", repleto de fantasias e subjetivismos, para fazer de conta que se entendeu. Pode ser que a negação do mistério aconteça devido à influência de uma corrente científica com exagerado racionalismo, que nega aquilo que é incompreensível para a inteligência. O subjetivismo exagerado, por outro lado, carrega de sentimentos e fantasias, o que torna uma verdade fraca, que não sobrevive às crises e sofrimentos. Em ambos os casos, falta o aprofundamento do conteúdo que se aprende na catequese.

É natural que não se aprofunde o mistério trinitário com as crianças e, infelizmente, para muitos, o crescimento do saber das ciências naturais não se dá na mesma proporção do aumento no conhecimento e no amadurecimento nas verdades da fé. Há também o perigo de se confundir o saber com o crer e viver. Isto é, aprofunda-se o conhecimento teológico, porém, por diversas razões, isso permanece apenas no intelecto, sem passar pelo afeto, pelo coração, por isso se mantém separado da realidade diária, repleta de perguntas e situações que escapam do saber meramente intelectual.

Papa Francisco se destaca por seus ensinamentos, marcadamente pastorais, nos quais toma verdades teológicas muito profundas e as traz para a proximidade do cotidiano das pessoas. Há sempre quem apoie e quem rejeite esse modo pastoral. Mas não há como negar que ele é um dos comunicadores mais influentes em nosso tempo e que esse modo de ensinar é muito valioso para quem procura respostas concretas para suas dúvidas ou situações de conflitos entre a dura realidade e o ideal religioso.

Precisamos de contínuas pesquisas e desenvolvimentos. Não se pode parar a ciência, desde que se respeitem os limites éticos e morais. São necessárias as discussões teológicas e as investigações. Mas esse conhecimento nunca pode ser separado do empenho pelo desenvolvimento e a realização humana em sua totalidade, incluindo o amadurecimento dos afetos, o empenho pela unidade social, o conhecimento profundo de si e a motivação para decidir-se livremente pela realização da vontade de Deus, expressa pela Sagrada Escritura, pela história, pela autoridade legitimamente constituída e na própria consciência, quando é bem orientada em sua formação.

Como comunicadores mediáticos, somos enviados para preparar encontros com Deus Trino, com alguma pessoa dessa Trindade Santa. Como nos posicionamos perante esse mistério? A forma como lidamos com perguntas e questionamentos sobre a fé tem muito a ver com nossa atitude perante os mistérios de Deus. Em algumas publicações, percebe-se facilmente tendências exageradas para o racionalismo ou o sentimentalismo. Muitas vezes, fala-se de Deus como se falasse de um objeto científico, do qual se sabe muito, mas, do qual se permanece do lado de fora, como quem só observa e, no máximo, admira. Em outras vezes, o discurso fala do amor de Deus, mas, na verdade, centra-se em si mesmo, como se o bem-estar pessoal estivesse acima da vontade divina ou como se Deus fosse um Pai fraco, obrigado a nos mimar e nunca causar ou permitir a cruz e a dor.

A separação entre fé e vida, o pensar mecanicista, podem nos distanciar de Deus. Foge-se do abraço ao crucificado, que inclui aceitar a cruz do sofrimento, separa-se a dor da Sexta-feira Santa da vitória na Páscoa, negando toda ternura divina que envolve o completo plano de redenção. É como se Deus precisasse fazer a vontade de cada um, invalidando o pedido que fazemos na oração do Pai-nosso: "Seja feita a vossa vontade" (Mt 6,10). Precisamos do equilíbrio, como Jesus testemunha tantas vezes em seu modo de agir: "Pai, se é de teu agrado, afasta de mim este cálice! Não se faça, todavia, a minha vontade, mas sim a tua" (Lc 22,42).

O venerável Van Thuan diz que a Igreja vive em uma situação dolorosa e, ao mesmo tempo, magnífica, com características de noite escura, devido ao racionalismo dominante, que tudo manipula, inclusive a vida humana. Para ele, "a humanidade corre o risco de se tornar vítima de um mero positivismo do fazer e do ter. A resposta da Igreja a essa noite é ser amor, porque só o amor tem credibilidade" (VAN THUAN, 2007, p. 290).

Ele é exemplo de quem sabe se inclinar perante o mistério da Trindade e aplicar essa realidade na vida. Os duros anos como prisioneiro solitário, os maus-tratos que recebeu das autoridades e dos que o vigiavam só aumentaram seu amor a Deus, sua unidade com as autoridades eclesiais e sua compaixão com o próximo. Para ele, a Trindade é "a chave para interpretar e viver autenticamente todos os relacionamentos eclesiais. Sabemos que as três Divinas Pessoas vivem na mais plena doação recíproca: *uma com a outra, uma pela outra, uma na outra*. Vivendo o Mandamento Novo de Jesus, a Igreja vive de acordo com esse modelo supremo...

Mas a natureza da Igreja-comunhão faz-nos viver em relacionamento "trinitário" também no plano social: Não apenas amor recíproco entre uma pessoa e outra, mas entre as Conferências de bispos e as de religiosos, entre os sacerdotes, entre as diversas Ordens Religiosas, entre grupos e Movimentos Eclesiais etc. até o ponto de cada um amar a diocese do outro como se fosse a sua, amar o próprio dicastério como o do outro, o carisma do outro como o próprio...

Até fazermos com que toda a humanidade viva o amor recíproco, a ponto de cada um amar a pátria alheia como a própria, a cultura do outro como a própria... Até que se realize a oração de Jesus: "Pai... que todos sejam um como eu e tu somos um (Jo 17,21)" (Idem, p. 230).

Somos a imagem da Trindade, e todo individualismo é fuga da felicidade que há em Deus Pai, Filho e Espírito Santo. Não são os algoritmos que indicam se usamos bem o imerecido dom de ser um comunicador, à imagem da Trindade Santa. O que define se a comunicação tem sucesso é se ela gera comunhão, vínculos de amor, de maior proximidade pessoal com Deus, com as pessoas e o comprometimento com o projeto divino, na edificação do Reino.

A fé precisa estar unida à razão e fazer o percurso da cabeça ao coração, ser aplicada em todas as coisas do dia a dia, em uma autêntica vida em Aliança. Quando apresentamos a ação de Deus na vida da Igreja, por exemplo, por meio de imagens, áudios ou textos, podemos fazer de tal forma que aquele que ver, ouvir ou ler seja motivado a perceber nossa unidade com Deus e a buscar Deus presente também nos acontecimentos e na própria vida.

Jesus veio nos ensinar a resgatar a comunhão e é o caminho para o Pai. Para desejar estar na presença de Deus é preciso vivenciar pessoalmente seu amor infinito e misericordioso. A isso nos ajuda os exercícios de oração, para escutar Deus em todas as situações da vida, para fazer de modo correto a leitura sobre as pessoas, os acontecimentos do mundo e toda a criação, consequentemente, para a forma como atuamos como comunicadores. Quanto mais vivermos como família, tanto mais nos aproximamos do mistério trinitário e nos imergimos em sua vida de amor. O grau e a forma como entendemos e participamos na comunicação de amor que une a Trindade Santa definem a forma como e para que usamos as redes sociais e tudo o que se refere à realidade das mídias.

5. Em Maria a comunicação da Trindade se encarna

Por meio de Maria, o Verbo de Deus deixa de ser palavra abstrata: em seu ventre materno, Deus se faz homem. "Filha do Pai, Mãe do Filho, Esposa do Espírito Santo! Não se poderia explicar com palavras mais simples a relação singular de Maria com a Trindade" (FRANCISCO, Catequese, 13.11.2024).

"A Mãe está no coração do tempo. No início do tempo da salvação, temos a Santa Mãe de Deus, a nossa Mãe santa. O Senhor se uniu para sempre à nossa humanidade, de tal modo que esta já não é só nossa, mas dele. Mãe de Deus: (eis as) poucas palavras para confessar a aliança eterna do Senhor conosco. Mãe de Deus é um dogma de fé, mas é também um 'dogma de esperança': Deus no homem e o homem em Deus, para sempre...

A maternidade de Maria é o caminho para encontrar a ternura paterna de Deus, o caminho mais próximo, mais direto, mais fácil. Este é o estilo de Deus: Proximidade, compaixão e ternura. Com efeito, é a Mãe que nos conduz ao início e ao coração da fé...

Ninguém melhor do que a Mãe conhece os tempos e as urgências dos filhos. No primeiro sinal realizado por Jesus, nas bodas de Caná, é precisamente Maria que se apercebe da falta do vinho e comunica o caso ao Filho (cf. Jo 2,3). São as carências dos filhos que a movem a Ela, a Mãe, a instigar Jesus a intervir. E, em Caná, Jesus diz: 'Enchei as vasilhas de água'. Eles encheram-nas até a borda' (Jo 2,7-8). Maria, que conhece nossas necessidades, apressa também o transbordamento da graça para nós e leva nossas vidas rumo à plenitude.

Todos nós temos falhas, solidões, vazios que pedem para ser preenchidos. Cada um de nós conhece os seus. Quem poderá preenchê-los senão Maria, Mãe da plenitude? Quando sentirmos a tentação de nos fecharmos em nós mesmos, acorramos a Ela; quando não conseguirmos desembaraçar-nos por entre os nós da vida, procuremos refúgio nela. Nossos tempos, vazios de paz, precisam de uma Mãe que congregue a família humana. Olhemos para Maria, para nos tornarmos construtores de unidade. Consagremos-lhe nossas vidas. Ela saberá, com ternura, nos levar a Jesus" (cf. FRANCISCO, homilia, 1.1.2024).

No início da Nova e Eterna Aliança, é por Maria que Deus enviou seu Filho, gerado pelo Espírito Santo. Em torno a Ela, por sua oração, acontece Pentecostes e inicia-se a Igreja em saída, corajosa comunicadora do Evangelho. Assim como a atitude materna de Maria foi decisiva para a realização da Aliança em Cristo, é também para a plenitude da vida de cada um de nós.

Em Caná, quando Jesus diz que sua hora ainda não tinha chegado, é como se Ele dissesse para Ela que aquele momento era a hora dela revelar sua missão materna e mostrar para que missão Deus a escolheu. Quando o Filho a coloca, por assim dizer, no centro, Maria conduz as pessoas de volta para Ele, faz com que confiem nele de modo mais profundo e realizem suas palavras. Então, o milagre acontece, e a festa do amor continua.

Maria nos ajuda a confiar, quando tudo parece ter chegado ao fim. A verdadeira devoção mariana, o verdadeiro amor a Maria, aprofunda nossa comunicação com Cristo, abre nossos ouvidos para escutar o que Ele nos fala, pela inspiração do Espírito Santo. Ela nos educa como comunicadores, que também se descentralizam e ajudam os demais a se aproximarem de Jesus, com o coração mais desarmado, para escutá-lo e realizar suas palavras, fazer o que o Pai deseja. Em Maria, somos colaboradores da festa do amor.

3. E comunicadores nos criou...

Criar alguma coisa é comunicar algo de si, entregar uma mensagem aos demais. Muitas vezes, reconhecemos características próprias do autor ao contemplarmos uma imagem, lermos um texto, vermos um filme ou ouvirmos uma música. Todo autor deixa uma marca de si em sua obra, e quanto mais conhecermos o autor, tanto mais o encontramos nas obras que ele realiza.

Há traços de semelhança em todos os elementos da natureza, como se o Autor Divino deixasse sua assinatura em cada elemento por Ele criado. É o que constata o matemático francês, Benoit Mandelbrot, ao observar que, do menor ao maior elemento da natureza, há códigos que se repetem, em diferentes dimensões. Sua descoberta mudou conceitos científicos e fez com que pesquisadores, após analisarem e conferirem, confirmassem que há uma matemática repetitiva que compõe e regula a natureza. A essas "figuras" geométricas, lineares e não lineares, Mandelbrot deu o nome de Fractais, palavra de origem no latim *fractu*, que significa fração, uma pequena parte (cf. SMIGLY, USP). Para nós, que temos fé, é compreensível que esses elementos repetitivos sejam também chamados de "Digitais de Deus", ou seja, a assinatura de Deus em suas obras.

Observe uma árvore. Nela, há um tronco e vários galhos, em uma geometria idêntica em todas elas e que se repete muitas vezes em cada uma: de cada galho surgem outros galhos menores e assim sucessivamente, até a ponta de cada folha. Uma árvore é uma multiplicação da mesma forma, como se fossem milhares de arvorezinhas vinculadas entre si (Idem).

O que essa matemática da natureza tem a ver com a espiritualidade na comunicação? Nossa compreensão humana é limitada, e nunca chegaremos a abranger a infinita grandeza e o mistério divino da Santíssima Trindade. Mas, além de acolher a revelação divina e sua encarnação em Jesus, a razão humana é também capaz de distinguir outros sinais da existência e da presença de Deus. Criar é um ato de comunicação da Trindade. Em Gênesis 1, lemos que Deus cria por meio de sua Palavra, e a própria criação é uma mensagem de seu amor para conosco.

Deus se comunica conosco de modo absoluto pela encarnação de seu Filho. Mas, também, as múltiplas perfeições das criaturas refletem a perfeição infinita de Deus. Daí que podemos falar de Deus a partir das perfeições de suas criaturas: "Porque a grandeza e a beleza das criaturas conduzem, por analogia, à contemplação de seu Autor (Sb 13,5)" (cf. CIC 41). Por exemplo, quando uma pessoa que crê em Deus olha para o mar é quase impossível que não pense no ser infinito do criador, pois, o mar tem, por assim dizer, a "assinatura" do criador, que nos mostra a infinitude do céu.

Se Deus Uno e Trino é o comunicador por excelência e deixa sua marca em tudo o que faz, tanto mais age assim ao criar a pessoa humana. Trazemos marcas de Deus em nossa natureza, entre elas, a capacidade humana de decidir livremente, de criar, comunicar e oferecer ao outro o que somos. É impossível para uma pessoa não se comunicar, até mesmo em silêncio se comunica uma mensagem. Portanto, não nos tornamos comunicadores a partir do momento em que atuamos nas mídias, mas, atuamos nelas porque temos em nós os traços divinos, Deus nos criou comunicadores.

1. Somos a imagem de Deus Trino

É interessante observar que os fractais, em sua maioria, são triangulares, e na simbologia religiosa o triângulo representa a Santíssima Trindade. Em cada "faça-se", Deus partilha de sua infinitude do amor, entrega um pouco de si, sem diminuir-se. Na criação do ser humano, no entanto, Deus se apresenta como comunidade e usa o plural: "Façamos..." Isso significa que, se Deus deixou sua assinatura em cada obra, no ser humano Ele faz mais do que isso, pois ao nos criar, Deus retrata a si mesmo: "Façamos o ser humano a nossa imagem e segundo nossa semelhança... Deus criou o ser humano a sua imagem, à imagem de Deus o criou. Homem e mulher ele os criou" (Gn 1,26-27).

Ao dizer "façamos", Deus dialoga com alguém. Com quem Deus se comunicava? Não era com o ser humano, pois este ainda seria criado. Para alguns teólogos não católicos, Deus se comunicava com a natureza já criada, para outros Ele se comunicava com os anjos, que já existiam antes da criação do mundo. Para nós católicos, essa fala divina no plural "façamos" é uma comunicação entre as três pessoas da Trindade: Pai, Filho e Espírito Santo. Deus não é solitário, mas uma comunhão perfeita, uma aliança, entre três pessoas, em perene diálogo e comunicação de amor.

À imagem da Trindade, nós, homens e mulheres, somos capazes de selar aliança, estabelecer vínculos pessoais, e dependemos de vínculos saudáveis, para nosso equilíbrio emocional e crescimento pessoal. Assim reflete Papa Bento XVI: "Para quem tem fé, todo o universo fala de Deus Uno e Trino. Desde os espaços interestelares até às partículas microscópicas, **tudo o que existe remete a um Ser que se comunica** na multiplicidade e variedade dos elementos, como numa imensa sinfonia. Todos os seres são ordenados segundo um dinamismo harmonioso que, analogicamente, podemos definir: 'amor'. Mas, é somente na pessoa humana, livre e racional, que este dinamismo se torna espiritual, se faz amor responsável, como resposta a Deus e ao próximo, em um dom sincero de si. Neste amor o ser humano encontra sua verdade e sua felicidade" (Angelus, 11.6.2006).

Papa Francisco mostra como esse traço de semelhança com Deus nos ajuda a entender a evolução atual e a popularidade das novas tecnologias relacionadas à comunicação. "Elas respondem ao desejo fundamental que as pessoas têm de se relacionar umas com as outras. Esse desejo de comunicação e amizade está radicado em nossa própria natureza de seres humanos, não se podendo compreender adequadamente só como resposta às inovações tecnológicas. À luz da mensagem bíblica, isso deve ser lido como reflexo de nossa participação no amor comunicativo e unificante de Deus, que quer fazer da humanidade inteira uma única família.

Quando sentimos a necessidade de nos aproximar das outras pessoas, quando queremos conhecê-las melhor e dar-nos a conhecer, estamos respondendo à vocação de Deus – uma vocação que está gravada em nossa natureza de seres criados à imagem e semelhança de Deus, o Deus da comunicação e da comunhão...

Na realidade, quando nós nos abrimos aos outros, damos satisfação às nossas carências mais profundas e tornamo-nos de forma mais plena humanos. De fato, amar é aquilo para que fomos projetados pelo Criador" (DMCS, 2023).

O que somos, como somos e o sentido de nossa vida é enlaçada com o Amor. A autorrealização só é verdadeira quando é trinitária, em harmoniosa comunicação com Deus, consigo mesmo e com o outro. Nessa tríade de amor, insere-se o cuidado por todas as coisas criadas, a busca contínua de crescimento e conhecimento e nosso atuar como comunicadores. Pe. José Kentenich expressa isso quando diz que precisamos "ter a mão no pulso do tempo e os ouvidos no coração de Deus". Os dígitos de Deus comunicam que há uma infinitude de possibilidades e combinações, pelas quais Deus mesmo se revela, pois, "tudo é muito bom" (Gn 1,31). Cabe a cada um de nós ajudar as pessoas a decifrarem os dígitos de Deus na atualidade, para que, livremente, respondam a Ele, fortalecendo vínculos, vivendo em Aliança.

2. O pecado rompe a comunicação

Interrompendo a comunicação com Deus, nós nos desviamos de nossa verdadeira identidade, perdemos a consciência de sermos filhos, com isso também a consciência de que somos irmãos, e nos afastamos uns dos outros. Na narração sobre o pecado, em Gênesis, vemos isso de modo claro. Como diz papa Francisco, a serpente criou uma fake news, distorceu a imagem de Deus, colocando-o não como quem busca a comunicação e comunhão, mas como quem esconde a verdade para dominar e desvalorizar a pessoa. Eva acreditou nessa falsa informação; em seu coração, ela já rompe com Deus, e leva Adão junto. Escolhendo a comunicação com o mal e não com o bem, ambos se desviam da própria identidade, sentem-se nus, desvalorizados, não amados, a natureza passa a ser usada, não mais para produzir, e sim para esconderem-se da escolha que fizeram. Quando Deus se aproxima, sua presença já não é mais vista como bondade, mas o pecado desperta o medo e as primeiras pessoas humanas mostram que romperam também um com o outro, em uma mútua acusação de culpa (Gn 3,1-13) (cf. DMCS, 2018).

Essa atitude se repete na vida de cada um de nós, quando escolhemos não escutar a comunicação de Deus, mas, seguir outras vozes. Com o pecado, tudo se torna confuso: a comunicação se enche de ruídos, desvia-se da comunhão e perdemos nossa dignidade. A natureza sofre as consequências disso, pois já não respeitamos nelas os dígitos de Deus e as desviamos da finalidade para qual foram criadas. É fácil encontrarmos sinais disso nas conjunturas atuais, no descaso com a vida, na violência, na crise de identidade humana e nas consequências das ações em desfavor da natureza. Sem dúvida que nossa cultura expressa uma séria confusão antropológica, isto é, confusão no entendimento sobre quem é a pessoa humana. Mas essa crise só se resolve se a humanidade romper com o pecado e retornar ao claro conceito da verdadeira identidade de Deus, pois a imagem de Deus e a verdadeira identidade da pessoa humana estão enlaçadas.

Isso é bem expresso na parábola do Filho Pródigo. Quando o jovem separa a herança da pessoa de seu pai, ele rompe com seu pai e vai embora. Então, rompe também com outras pessoas, usando as mulheres como objetos e desfigura sua própria imagem, vem-lhe a fome, e deseja alimentar-se com os porcos. Nessa hora, ele se dá conta da vivência que teve de ser amado e que rompeu sua comunicação com o pai. Então, decide voltar arrependido e até ensaia sua mensagem ao chegar: "Meu pai, pequei contra o céu e contra ti. Já não sou digno de ser chamado teu filho. Trata-me como um de teus empregados" (Lc 15,19).

Ao nos afastarmos de Deus, desvalorizamos tudo aquilo que Deus nos dá generosamente, vem o sentimento de vazio e procuramos substituir os bens verdadeiros por falsos valores. Precisamos reconhecer a própria culpa e "voltar para casa". Conta a parábola que o pai viu o filho, quando ele ainda estava longe, mas retornando. Esse pai nunca deixou de amar o filho, nunca rompeu com ele. Por isso sempre olhava para a estrada, na esperança e na certeza de que seu filho voltaria para a experiência de amor, em seu lar. Quando o avista, antecipa-se para o perdoar e devolve-lhe a dignidade de ser filho.

3. Em Cristo, restaura-se a Aliança

Ao narrar a parábola do filho pródigo, Jesus narra de modo figurado o motivo pelo qual ele veio ao mundo: para restituir a cada um de nós a herança dada pelo Pai, e que perdemos porque pecamos. "Vim para chamar os pecadores" (Mc 2,17). Em outras palavras: Vim para restaurar aquele que rompeu sua comunicação com o Pai, para refazer a aliança. Ao enviar uma mensagem para João Batista, de que ele era o Messias, Jesus diz: "Ide e contai a João o que ouvistes e o que vistes: Os cegos veem, os coxos andam, os leprosos são limpos, os surdos ouvem, os mortos ressuscitam, o Evangelho é anunciado aos pobres" (Mt 11,4-5). No encontro do pecador com Jesus, os limites se tornam oportunidades para uma comunicação mais amorosa do que antes, para um encontro pessoal com Deus. "Meu amigo, teus pecados te são perdoados" (Lc 5,25). Verdadeiramente, "se reconhecemos nossos pecados, Deus aí está, fiel e justo, para nos perdoar os pecados e para nos purificar de toda iniquidade" (1Jo 1,9).

Papa Francisco escreve aos comunicadores que Jesus é o mediador e a plenitude da revelação divina, da comunicação de Deus com o homem pecador. "Foi Ele que nos deu a conhecer o verdadeiro Rosto de Deus Pai e, com sua Cruz e Ressurreição, nos fez passar da escravidão do pecado e da morte para a liberdade dos filhos de Deus" (DMCS 2, 2018).

Desde sua primeira audiência, Jesus como imagem do Pai, parece ser um tema predileto do papa Francisco, que nos convida a abandonar a imagem do Deus que pensamos conhecer e converter-nos a cada dia ao Deus que Jesus nos mostra no Evangelho: o Pai próximo de nós, com o coração repleto de ternura e compaixão. "Jesus sai ao encontro da humanidade ferida e mostra-nos o rosto do Pai... um Pai cheio de amor que se aproxima, que visita nossas casas, que quer salvar e libertar, curar de todos os males do corpo e do espírito... para nos perdoar" (Angelus, 4.2.2024).

Jesus não somente comunica o Pai por meio de palavras, mas ele é um só com o Pai. Por isso, ao acolher um pecador que retorna, a compaixão do Pai transborda de seu olhar e de suas palavras: "Filho, perdoados te são os pecados" (Mc 2,5). Com isso a comunicação, a vida na graça são restauradas, e podemos voltar ao Pai, tantas vezes quanto pecamos, pois Jesus revela-nos "o rosto de Deus como um pai misericordioso, que sempre tem paciência... Ele nos compreende e está a nossa espera. Não se cansa de nos perdoar, se soubermos voltar para Ele com o coração contrito" (FRANCISCO, Angelus, 17.3.2013).

A pessoa e o anúncio de Jesus, a restauração da filiação divina, por sua paixão, morte e ressurreição, respondem à questão fundamental sobre o sentido da existência humana e de toda a criação. A inquietação do coração humano se equilibra no Mistério de Cristo. É desse Mistério que nasce a missão da Igreja, que impulsiona os cristãos a serem anunciadores de esperança e salvação, testemunhas desse amor que promove a dignidade da pessoa humana.

4. Na Igreja, Cristo continua sua missão

A comunicação que Deus Pai fez de si próprio, por meio de Jesus, gerado pelo Espírito Santo, continua presente e ativa na Igreja, corpo místico de Cristo. Pela ação do Espírito Santo, cada batizado se incorpora em Cristo, nele torna-se filho do Pai e membro da Igreja, a grande família de Deus. Na Igreja, o batizado se introduz na Verdade de Jesus e torna-se imbuído de sua mensagem, testemunhando-a por meio de sua vida. Assim a voz do

Evangelho continua a ressoar no mundo, pois Cristo funda sua Igreja como "portadora e guardiã de sua revelação, confiando unicamente a seu ofício do ensinamento vivo a tarefa de interpretar sua palavra de maneira autêntica" (FOLEY).

Uma revelação que não é só uma ideia para satisfazer nossa inteligência racional. Em Jesus, há o encontro com o sentido da vida, que faz feliz, transfigura o calvário da caminhada, enlaça com o outro (do presente, do passado e do futuro), confere a missão comum de restaurar a casa comum, para construir juntos o Reino do Pai, que começa aqui e continua na eternidade. Papa Francisco costuma definir a Igreja como mulher e mãe, que acolhe todos e se desdobra para alimentá-los e conduzir ao Pai.

A Igreja é uma família santa, pelos méritos de Jesus: "Cristo amou a Igreja e entregou-se por ela, para a santificar" (Ef 5,25-26). Por nossa participação, ela é pecadora, está sempre a caminho, em processo de renovação... A Igreja, que é santa, não rejeita os pecadores... chama todos a deixar-se abraçar pela misericórdia, pela ternura e pelo perdão do Pai, que oferece a todos a possibilidade de o encontrar, de caminhar rumo à santidade" (FRANCISCO, Angelus, 2.10.2013).

Dessa forma, o Espírito Santo impulsiona para a unidade, fazendo da Igreja uma família, para a santidade, em uma vida de comunhão com a Trindade, e impele a Igreja para fora, para a missão, a fim de que todas as pessoas possam conhecer a Verdade, encontrar-se com o Jesus e, por ele, no Espírito Santo, com o Pai. A Igreja é una, uma comunhão de pessoas e de comunidades na Eucaristia. Ao mesmo tempo, ela é universal pela comunicação que escuta, acolhe e anuncia.

Essas definições são rápidas e insuficientes, mas a meta com isso é apenas abrir uma fenda, para se poder contemplar a Igreja como corpo místico de Jesus, continuadora de sua missão de comunicar a Boa-Nova. Por isso não é possível que a Igreja não valorize as mídias e a missão dos comunicadores.

"A Igreja encara os meios de comunicação social como 'dons de Deus', na medida em que, segundo intenção providencial, criam laços de solidariedade entre os homens, pondo-se assim ao serviço de a sua vontade salvífica" (FOLEY, 1). Esta é a explicação do motivo pelo qual desde sempre a Igreja mantém interesse pelos meios de comunicação e se empenha para capacitar seus membros para usá-los com competência, como produtores de conteúdo, e também se empenha para estar presente nos espaços digitais: porque ali estão as pessoas e a Igreja quer ir ao encontro delas, onde quer que se encontrem, "em todas as periferias".

Foley, no documento sobre a Igreja e a Internet, ainda diz que pela comunicação digital a "Igreja pode mais prontamente informar o mundo sobre seu credo e explicar as razões de sua posição sobre cada problema ou acontecimento" (Idem,10). Mas que, em atitude de escuta, ela pode também acolher em si a voz da opinião pública "e estabelecer uma discussão contínua com o mundo a seu redor, para assim se envolver mais imediatamente na busca comum da solução dos problemas mais urgentes da humanidade" (Idem).

A comunicação faz parte de nossa essência. Cada comunicador é um membro da Igreja chamado por Deus, para participar mais de perto de sua tríplice missão: promover a comunhão, a santidade e anunciar o Evangelho.

5. Deus revela seu mistério para Maria

Assim como as três Pessoas divinas atuaram juntas para o início da criação, também na realização do plano de Redenção – a encarnação do Filho de Deus – o amor que flui e reflui na Trindade é operante e o mistério trinitário é revelado claramente para Maria, na hora da anunciação. Tendo chegado a hora certa no curso da história, ao comunicar-se com Maria, por meio do Anjo Gabriel, Deus revela a si mesmo.

Quando Maria se assusta com a saudação do Anjo – o que é inteiramente compreensível –, como comunicador de Deus Trino, Gabriel, em primeiro lugar, a escuta e não a repreende. Ele acolhe a reação dessa jovem israelita e a tranquiliza: "Não temas, Maria, pois encontraste graça diante de Deus" (Lc 1,30). Deus se aproxima, aceita em si uma criatura sua – a pequenez e a grandeza de Maria – e lhe revela: "Eis que conceberás e darás à luz um filho, e lhe porás o nome de Jesus. Ele será grande, será chamado **Filho do Altíssimo.** O Senhor Deus lhe dará o trono de seu pai Davi. Ele reinará eternamente na casa de Jacó e seu reino não terá fim" (Lc 31,33).

Maria foi educada no Templo e recebeu a espiritualidade judaica. Ela adora o Deus onipresente, onipotente e onisciente, o Todo-Poderoso, que criou o universo e o domina, que se comunica com seu povo, não diretamente, mas por meio de profetas. Ela reza àquele que nem os anjos ousam contemplar, o Deus altíssimo, cuja glória preenche o Tabernáculo no Templo, no qual somente os santos sacerdotes têm acesso, para oferecer sacrifícios de louvor e de expiação pelos pecados do povo.

É esse Deus, que Maria adora e teme, que se comunica com ela, pelo anúncio do Anjo Gabriel, e espera sua resposta. Pode-se imaginar quão incompreensível isso se torna para essa jovem judia. Portanto, ela pergunta: "Como se fará isso, pois não conheço homem?" (Lc 1,34). Então, o comunicador de Deus termina de revelar a Trindade divina: "O **Espírito Santo** descerá sobre ti, e a força do Altíssimo te envolverá com sua sombra. Por isso, o ente santo que nascer de ti será chamado **Filho de Deus**" (Lc 1,35).

Maria é a primeira a ouvir, diretamente do enviado de Deus, que Ele é Pai, Filho e Espírito Santo. A partir de agora, já não cremos na Trindade por suposição, porque aqui e ali encontramos seus vestígios, mas cremos porque nos foi comunicado diretamente pelo próprio Deus Trino, por meio de seu mensageiro, o anjo Gabriel. Com isso, é esclarecido o "Façamos" de nossa criação humana e a nossa imagem e semelhança: somos seres em busca de relacionamentos, movidos por vínculos de amor.

Jesus, o Filho de Deus – gerado em Maria, formado e educado por ela e José – em sua forma de vida e em seus ensinamentos, aprofunda e esclarece ainda mais essa revelação trinitária, como explica papa Francisco: "Ele nos fez conhecer o rosto de Deus como Pai misericordioso. Apresentou-se a si mesmo, verdadeiro homem, como Filho de Deus e Verbo do Pai, Salvador que dá a sua vida por nós; e falou do Espírito Santo que procede do Pai e do Filho, Espírito da Verdade, Espírito Paráclito, ou seja, Consolador e Advogado. E quando Jesus apareceu aos Apóstolos, depois da ressurreição, enviou-os para evangelizar 'todos os povos, batizando-os em nome do Pai e do Filho e do Espírito Santo' (Mc 28,19)" (Angelus, 30.5.2021).

A história da redenção mostra que Deus Trino busca constantemente manter e renovar o vínculo conosco. Pecar é negar esses vínculos, de modo consciente, e prejudicar vínculos é agir contra a essência do ser, contra nossa imagem e semelhança com Deus. Jesus viveu, sofreu, morreu e ressuscitou para resgatar essa nossa semelhança com a Trindade. Por meio de Maria, "o Filho do Homem veio procurar e salvar o que estava perdido" (Lc 19,10). Esta é a razão pela qual permanece conosco na Eucaristia e nos dá os sacramentos.

É com esse fundamento que entendemos a importância da oração e a grandeza de nosso chamado, como comunicadores pelas mídias sociais. Deus Trino, que habita em nós, quer digitar no teclado e display. Ele quer usar o microfone, editar uma imagem ou fazer outras ações para ir ao encontro de todos os seus filhos, renovar e fortalecer a vida de Aliança com cada um. Para isso, assim como quis precisar de Maria, Ele pede que eu lhe presenteie com meu tempo, minhas capacidades e meus talentos. "Que Maria nos ajude a viver a Igreja como a casa onde amamos de maneira familiar, para a glória de Deus Pai e Filho e Espírito Santo", diz papa Francisco (Angelus, 4.6.2023).

4. A História da aliança

Para nós, comunicadores, a Bíblia é um livro de muitas "grandes reportagens" sobre a história da Aliança de Deus Trino com a humanidade. A história da Igreja é a descrição de como se realiza e se vive, no decurso do tempo, pela ação da graça e a cooperação humana, a Nova e Eterna Aliança, selada pela vida, paixão e morte de Jesus Cristo. Mais do que nos dar informação sobre a Aliança, por meio dessas narrações, Deus nos fala e orienta sobre como podemos viver essa Aliança na atualidade. O Espírito Santo é o "pauteiro e diretor", ele inspira os comunicadores do passado e do presente a narrar como Deus, mantendo o respeito à liberdade de cada um, desdobra-se constante e criadoramente para selar, manter e restaurar sua Aliança de Amor com a pessoa humana.

Papa Francisco diz: "A Bíblia é a grande história de amor entre Deus e a humanidade. No centro está Jesus: sua história leva à perfeição o amor de Deus pelo homem e, ao mesmo tempo, a história de amor do homem por Deus. Assim, o homem será chamado, de geração em geração, a contar e fixar na memória os episódios mais significativos desta História de histórias: os episódios capazes de comunicar o sentido daquilo que aconteceu" (DMCS, 2014).

Nas narrações bíblicas, Deus se comunica conosco pela aliança na criação, renovada por meio de Noé, Abraão, Moisés, e nos fala pelos patriarcas e profetas, que preparam a humanidade para a Aliança definitiva. Até que o próprio Deus se encarna. Jesus, por sua vida, paixão, morte e ressurreição, sela a Nova e Eterna Aliança. Então, vem a história do início da Igreja. Pela narração do Atos dos Apóstolos e suas Cartas, sabemos como eles assumem essa aliança, como bons comunicadores, escutam e orientam os que seguem Jesus. Como diz papa Francisco, "não se trata de seguir as lógicas do storytelling, nem de fazer ou fazer-se publicidade, mas de fazer memória daquilo que somos aos olhos de Deus, testemunhar aquilo que o Espírito escreve nos corações" (DMCS, 5, 2020).

A Sagrada Escritura nos lembra e ensina como viver em Aliança com Deus. Esta nova Aliança, o novo testamento no sangue de Jesus (cf. 1Cor 11,25), já não é mais só com uma nação ou um agrupamento. Todos os que creem em Cristo, na força do Espírito Santo, tornam-se o grande povo de Deus, a Igreja de Cristo (cf. Mt 16,18), "destinada a estender-se a todas as regiões. Ela entra na história dos homens, ao mesmo tempo que transcende os tempos e as fronteiras dos povos. Caminhando por meio de tentações e tribulações, a Igreja é confortada pela força da graça de Deus... para que permaneça digna esposa de seu Senhor, e, sob a ação do Espírito Santo, não cesse de se renovar até, pela cruz, chegar à luz que não conhece ocaso" (LG, 9).

1. A história da Aliança hoje: um modo sinodal de ser Igreja

A história da Aliança continua a ser escrita pelo Corpo Místico de Cristo, a Igreja, com acertos e erros, na pluralidade das diversas culturas, nos desafios atuais de nossa história, nesse tempo em que, como humanidade, estamos aprendendo como viver e agir, para que o espaço digital se torne um lugar de encontros. "Deus continua a comunicar-se com a humanidade por meio da Igreja... Além disso, a própria Igreja é uma comunhão de pessoas e de comunidades eucarísticas que derivam da comunhão com a Trindade e nela se refletem...

Por conseguinte, a comunicação pertence à essência da Igreja. Mais do que qualquer outro motivo, esta é a razão pela qual a prática eclesial da comunicação deve ser exemplar, refletindo os padrões mais elevados de verdade, credibilidade e sensibilidade aos direitos humanos e a outros importantes princípios e normas" (FOLEY, 3).

Essa é a dimensão de nossa atuação como comunicadores católicos. Nós somos narradores de uma história sagrada que Deus escreve com a ajuda de todos os que pertencem a nossa diocese, paróquia, pastorais, comunidades, movimentos, associações... Nisso se sintetiza a importância de atuarmos, não como pessoas isoladas, mas em comunhão, como Povo de Deus, unido aos que o Senhor encarrega da responsabilidade por nossa grande família na fé, as autoridades eclesiais, assessores, coordenadores etc. Esse vínculo, em diálogo e comunhão, por vezes, pode trazer tensões, incompreensões, mas, muito mais do que isso, nos traz a bênção de viver o que anunciamos. Outros saberes e pontos de vista, diferentes dos nossos alargam nosso pensar e desloca-nos da autorreferência, dando espaço para Cristo ser o centro e, nele, tudo se completa. Trata-se de pensar e agir de modo sinodal.

Sempre nos lembremos de que nossa presença e atuação pelas mídias continuam a narrar a história da Aliança, iniciada lá na criação, chegada a seu ápice em Cristo, continuada nele até nossos dias e que terá sua realização plena na eternidade. O Espírito Santo, que inspirou os textos sagrados, é o mesmo que continua a nos inspirar hoje, se cultivarmos bem nossa espiritualidade: vida de oração, de sacramentos, tempos de silêncio, em comunhão com Deus e as pessoas. "Na confusão das vozes e mensagens que nos rodeiam, temos necessidade de uma narração humana, que nos fale de nós mesmos e da beleza que nos habita; uma narração que saiba olhar o mundo e os acontecimentos com ternura, conte nossa participação em um tecido vivo, revele o entrançado dos fios pelos quais estamos ligados uns aos outros" (DMCS, 2020).

Nós descrevemos a história da Aliança no tempo atual, ao sermos dóceis ao hálito divino. Ele continua a compor conosco melodias e poemas, Ele inspira o melhor ângulo para as imagens e o melhor enredo para os textos, mostra as melhores estratégias e deixa marcado para o presente e o futuro a presença atuante de Deus Pai, que vai aperfeiçoando sua criação pela livre colaboração humana. "Depois que Deus se fez história, toda a história humana é, de certo modo, história divina. Na história de cada homem, o Pai revê a história de seu Filho descido à terra. Cada história humana tem uma dignidade incancelável. Por isso a humanidade merece narrações que estejam a sua altura, àquela altura vertiginosa e fascinante a que Jesus a elevou" (DMCS, 4, 2020).

Nisso se fundamenta o vínculo humano, o respeito pela individualidade de cada pessoa, o serviço e o amor ao próximo. A história de vida de cada batizado é sagrada, pois descreve sua relação pessoal com Deus, do amor do Pai que nunca desiste daquele que ama. Nossa vida é um livro sagrado, que, página por página, narra o que Deus escreve por meio de suas ações de amor e de nossa livre resposta que lhe comunicamos.

De todo nosso empenho por uma boa comunicação, o livro da aliança, que escrevemos diariamente com Deus, é "a bíblia" mais lida pelos que convivem conosco e os que nos encontram nas praças digitais. Isso nos faz refletir: como está minha história pessoal de aliança com Deus? Que subtítulo eu colocaria no capítulo atual? Certamente, é uma história de bênçãos e lutas, quedas e vitórias. Sobretudo, é um livro no qual Deus escreve parágrafo por parágrafo, com muito amor. Assim como se diz de Maria, possa-se dizer de cada um de nós: Em sua vida, "o Verbo se fez carne!" (cf. Jo 1,14). Que Ela, pela Aliança, na qual somos incorporados pelo batismo e fortalecidos em cada sacramento, ajude-nos a descobrir Deus em todos os parágrafos de nossa história, e sua Palavra se torne vida em nosso dia a dia.

"Possa servir-nos de guia o ícone do bom samaritano, que cuida das feridas do homem espancado, deitando nelas azeite e vinho. Nossa comunicação seja azeite perfumado pela dor e vinho bom pela alegria. Nossa luminosidade não derive de truques ou efeitos especiais, mas de nos fazermos próximo, com amor, com ternura, de quem encontramos ferido pelo caminho.

Não tenhais medo de vos fazerdes cidadãos do ambiente digital. É importante a atenção e a presença da Igreja no mundo da comunicação, para dialogar com o homem de hoje e levá-lo ao encontro com Cristo: uma Igreja companheira de estrada sabe pôr-se a caminho com todos" (DMCS, 2014).

2. "Seus Apóstolos estavam com ele"

Qual era o segredo da força que movia os discípulos de Jesus? O que havia em seus corações para aceitarem ser enviados e irem adiante nas cidades, em meio a críticas e perseguições? Essa pergunta é feita também para os comunicadores atuais: Por que você "dá a cara aos tapas" e dedica seu tempo e seus talentos para comunicar a Igreja e na Igreja? Por que você se expõe a tantos haters, para anunciar as verdades de sua fé?

A frase acima, "seus Apóstolos estavam com ele" (Lc 8,2), vem antes da descrição que eles foram enviados para anunciar a Boa-Nova. Eles partiram corajosos em missão, dispostos a enfrentar perigos e situações adversas, porque "estavam" com Jesus, vivenciaram seu amor, escutaram sua mensagem e falaram com Ele. Isso marcou muito a vida deles, tanto que essa expressão aparece várias vezes nos Evangelhos, para nos mostrar o quanto é importante dedicar tempo para estar pessoalmente com Jesus: "Seus discípulos agruparam-se ao redor dele" (Mt 12,36); "Os discípulos aproximaram-se dele" (Mt 13,10); "Jesus reuniu os seus discípulos" (Mt 15,32).

"A primeira motivação para evangelizar é o amor que recebemos de Jesus, aquela experiência de sermos salvos por Ele, que nos impele a amá-lo cada vez mais", escreve papa Francisco (EG, 143). Sim, esta é a resposta também dos primeiros Apóstolos. João escreve: "Nós amamos, porque Deus nos amou primeiro" (1Jo 4,19), e Paulo confirma: "O amor de Cristo nos impulsiona" (cf. 2Cor 5,14).

Como comunicadores de inspiração católica, precisamos nos capacitar, tanto no requisito técnico quanto no cultivo de nossa vida espiritual. Paulo era um excelente orador e muito bem formado nas escrituras sagradas, pela escola de Gamaliel, um dos rabinos mais sábios de seu tempo. Mas ele só se tornou comunicador com verdadeira sabedoria, após encontrar-se pessoalmente com Jesus e estar com ele em silêncio, penitência e oração. Quando o Senhor manda Ananias para se encontrar com Saulo, e ele tem medo, por Saulo ser um violento perseguidor dos cristãos, o Senhor dá-lhe um sinal para reconhecer a transformação de Saulo em Paulo: "Ele está orando" (At 9,11). Isto é, quem reza não persegue, mas se abre para o Amor divino.

Uma das grandes dificuldades das pessoas desta era digital, que possibilita mil contatos, é **estar presente na realidade**. Alguns motivos para isso são as distrações constantes, pelas notificações, acessos contínuos às redes sociais e aplicativos de conversas, que desviam a atenção do momento presente. A sobrecarga de informações dificulta a concentração e a internet pode ser usada também como uma fuga dos problemas reais. Pela busca do sentimento de satisfação, despertado pelo disparo de dopamina em cada clique, vai-se adiando o ter de encarar a realidade e buscar soluções para os problemas.

Estar com Jesus não é virtualidade, mas é estar com ambos os pés na realidade e presente diante dele, com nosso verdadeiro eu. Em outras palavras, quem quer cultivar a espiritualidade, para ser cada vez mais um comunicador, segundo o coração de Jesus, precisa dedicar tempo para silenciar, escutar e para falar pessoalmente com Deus, para rezar, tanto em vários momentos de seu dia, como também diante de sua presença eucarística no tabernáculo.

"O que é realmente a oração?", pergunta papa Francisco. Ele mesmo responde: "Antes de tudo, ela é diálogo, relação pessoal com Deus. E o homem foi criado como ser em relação pessoal com Deus, que tem sua plena realização unicamente no encontro com seu Criador. O caminho da vida é rumo ao encontro definitivo com o Senhor. O Livro do Gênesis afirma que o homem foi criado à imagem e semelhança de Deus, o qual é Pai e Filho e Espírito Santo, uma relação perfeita de amor que é unidade. Disto podemos compreender que todos nós fomos criados para entrar em uma relação perfeita de amor, em um contínuo doar-nos e receber-nos, para assim podermos encontrar a plenitude de nosso ser" (Audiência, 15.11.2017).

3. Jesus reza

Jesus valoriza o encontro com o Pai, Ele rezava sempre. Antes de iniciar sua missão, retirou-se 40 dias para oração e jejum. No meio de sua vida pública, muitas vezes, afastava-se para rezar. Impressiona que, por exemplo, logo após a multiplicação dos pães, ele tornou-se muito influente, muitos o procuravam, e, justamente nesse auge do reconhecimento, ele chama seus apóstolos para se retirarem da publicidade e sobem ao monte para rezar. "Faz-nos bem contemplar isto", diz papa Francisco, "Jesus reza... passa muito tempo em oração: no início de cada dia, muitas vezes à noite, antes de tomar decisões importantes... Sua oração é um diálogo, uma relação com o Pai... Esta é uma grande lição para nós... imersos nos problemas da vida... chamados a enfrentar momentos e escolhas difíceis... se não quisermos ser esmagados, precisamos de elevar tudo para o alto. E a oração faz exatamente isto" (Angelus, 9.1.2022).

Não precisamos repetir aqui todas as ciências atuais que indicam a importância da pausa, do silêncio e da concentração, para termos o controle de nossas emoções, para nossa saúde mental e física. Portanto, já por motivos muito naturais, precisamos rezar. Há os que julgam que o trabalho apostólico substitui a oração, trabalham dia e noite, mas sentem, na verdade, um vazio interior, porque não se abastecem nas fontes da oração, para saciar a própria sede.

Jesus não somente se retirava de suas atividades para rezar pessoalmente, mas, algumas vezes, levava junto seus discípulos e os motivava a também falarem com o Pai. Ao verem a oração de Jesus, sua relação íntima e filial com o Pai, os discípulos sentem o desejo de participarem dessa proximidade, por isso pedem: "Senhor, ensina-nos a rezar" (Lc 11,1). Então, Jesus lhes responde que a primeira coisa necessária, para rezar como Ele, é saber dizer "Pai". Isto é, colocar-se na presença de Deus com confiança filial. Jesus quer nos ensinar essa atitude de humildade e simplicidade, Ele ensina-nos a rezar o "Pai-Nosso", a falar com Deus com a mesma proximidade com que um filho pequeno fala com seu pai, quando há um bom relacionamento entre ambos.

O trabalho na comunicação nunca fica pronto, sempre há algo a ser planejado, agendado, executado. Os prazos de entrega e o número quase infinito de ações podem nos levar a considerar de valor secundário os tempos de silêncio e de oração. Ou quando paramos, nossa mente está tão sobrecarregada que simplesmente não conseguimos nos concentrar. Nunca fuja do silêncio e da oração! Não procure palavras difíceis para rezar. Se for o caso, diga simplesmente ao Senhor que você está diante dele, com a mente agitada e sem saber direito o que falar, quem sabe até que está com vontade de sair da frente do sacrário. Isso é uma oração muito sincera. O Senhor entendeu o pedido que você quis fazer, mas não soube se expressar. Ele não lhe deixará sem resposta, pois, prometeu: "Tudo o que pedirem em oração, se crerem, vocês receberão" (Mt 21,22). Você já rezou hoje? Que tal rezar agora?

4. Jesus quer saber nossa opinião pessoal

Para Jesus, não basta que falemos dele aos outros e saber o que estes dizem sobre Ele. Mas Ele quer falar comigo e saber quem Ele é para mim. No Evangelho de Lucas, lemos que, depois que rezaram juntos ao Pai, Jesus pergunta a seus apóstolos: "Quem dizem os homens que sou eu? Responderam-lhe: Uns dizem que és João Batista, outros que és Elias; outros pensam que ressuscitou algum dos antigos profetas. Perguntou-lhes, então Jesus: **E vós, quem dizeis que eu sou?** Pedro respondeu: O Cristo de Deus" (Lc 9,18-20).

Vejam, Jesus estava com seus agentes de comunicação e quer saber que imagem de Cristo eles tinham anunciado, quer saber o resultado do trabalho deles. Mas Ele não se satisfaz que seus comunicadores apenas ajudem outros a terem um bom conceito sobre Ele. Jesus quer muito mais do que isso, Ele quer uma resposta pessoal: **E para você, quem sou eu?** Por que você me anuncia? Qual é o lugar que você lhe dá em seu coração.

O que comunicamos precisa transbordar de nossa vida em comunhão com Jesus. Não podemos divulgar só o que outros dizem. Temos de falar pessoalmente com Ele, olho no olho, coração no coração. Diz papa Francisco: "No início, há o encontro com Jesus, que nos fala do Pai, nos faz conhecer seu amor. Assim, também em nós surge espontaneamente o desejo de comunicá-lo às pessoas que amamos: 'Encontrei o Amor', 'Encontrei o sentido da minha vida'. Em uma palavra: 'Encontrei Deus!'" (Angelus,17.1.2021).

Esse encontro pessoal com Jesus é possível para você, agora, na situação em que você está neste momento. Podemos encontrá-lo no rosto dos pobres, dos doentes, dos abandonados... Cada um desses encontros é um tempo de graças para nós. Mas nenhum deles substitui a conversa pessoal com o Mestre e Irmão Divino. No Catecismo da Igreja Católica, lemos que a vida de oração consiste em estar habitualmente na presença do Deus três vezes santo e em comunhão com Ele. Esta comunhão de vida é sempre possível porque, pelo Batismo, nós nos tornamos um só com Cristo. A oração é cristã, na medida em que for comunhão com Cristo, dilata-se na Igreja, que é seu corpo. Suas dimensões são as do amor de Cristo (CIC, 2565). Oração, portanto, é um encontro com Cristo, que se amplia em uma comunhão com a Igreja.

É importante que cada um de nós responda à pergunta de Jesus: Quem você diz que eu sou? Vejam, a pergunta não é quem é Jesus para o Papa, para o bispo, para este ou aquele livro. Mas é uma pergunta pessoal. De tudo o que lhe ensinaram, da revelação que lhe é dada na Sagrada Escritura e de seu encontro com Jesus, como você o define? Que importância Ele tem em sua vida? Por exemplo, para Lucas, Ele é o servo de Deus; para Mateus, Ele é o Deus Homem; para Inácio de Loyola, é o Filho obediente; para o Pe. José Kentenich, é o Filho do Pai. Em cada uma dessas respostas está também um carisma, uma missão para a comunicação da Boa-Nova. Para cada um desses, Jesus fala o que disse para Pedro: "Feliz és, porque não foi a carne nem o sangue que te revelou isto, mas meu Pai que está nos céus" (Mt 16,17). E para você, quem é Jesus?

Um exemplo de resposta vemos também no lema da ordenação dos sacerdotes, que indica a imagem de Jesus que ele contempla e deseja corporificar a seu rebanho. Vejamos, por exemplo, papa Francisco, a imagem de Cristo que facilmente reconhecemos em suas falas e que ele irradia em seu estilo de vida está sintetizada em seu lema: "Olhou-me com misericórdia e me escolheu!" (*Miserando atque eligendo*). A misericórdia divina visivelmente é o tema central em cada uma de suas falas.

Mas é importante salientar que não se trata de reduzir Jesus a "meu jeito", mas de encontrar meu traço de semelhança com Ele, aquela que Deus previu para mim e que desejo irradiar aos outros. Ao mesmo tempo em que isso me caracteriza, abre-me para todas as outras imagens de Deus, que meus irmãos comunicam. E se somarmos todas as imagens de Jesus já representadas e as que ainda virão, isso é apenas uma mísera fagulha da infinitude divina, do Deus eterno e infinito, incapaz de ser representado em plenitude por suas criaturas.

Quem é Jesus para mim? Para que o Pai me revele, comunique-me a resposta e, com ela, também minha missão de vida, é preciso que eu dedique tempo para estar com Ele, em oração. Quem reza de modo certo, empenha-se para conhecer a si mesmo, na medida em que vai conhecendo melhor a Deus, pois somos criados a sua imagem. Possibilitar que essa imagem se torne meu estilo de vida é a meta de meus propósitos na autoeducação, em colaboração com a graça divina. Por isso, precisamos aprender a "rezar sem cessar".

5. Jesus nos ensina como rezar

Em um lugar apropriado em diálogo pessoal com Deus. "Quando orares, entra no teu quarto, fecha a porta e ora a teu Pai em segredo; e teu Pai, que vê em um lugar oculto, te recompensará" (Mt 6,6).

Rezar é escutar e falar. Nem sempre precisamos falar com a boca, para rezar, mas, todas as vezes, precisamos silenciar e escutar o que Deus deseja. O que Deus quer me dizer com este imprevisto, com aquele fato, com esse sentimento, com esse trecho que li etc. "Ouve, ó Israel!" (Dt 6,4). O Senhor teu Deus vai falar!

Rezar é dispor-se para realizar o que Deus deseja. Rezar não é convencer Deus para que Ele realize nossa vontade, mas é ajustar-nos a seus planos: "Seja feita vossa vontade, assim na terra como no céu" (Mt 6,10).

Rezar durante as atividades diárias. "Orai sem cessar" (1Ts 5,17). É verdade que todas as nossas ações do dia podem ser uma oração, ou seja, estarem unidas a Deus. Santo Agostinho nos explica que, se durante todo o dia cumprirmos fielmente e com boa intenção o nosso dever, oferecendo isso a Deus, por meio de pequenas saudações, na verdade, rezamos o dia inteiro. Em meio à corrida diária, eleve seu pensamento a Deus e ofereça a Ele o que você está fazendo.

Falar como um filho com seu pai. "Quando orarem, não fiquem sempre repetindo a mesma coisa, como fazem os pagãos. Eles pensam que por muito falarem serão ouvidos. Não sejam iguais a eles, porque seu Pai sabe do que vocês precisam, antes mesmo de o pedirem" (Mt 6,7-8). Falar com Deus como um filho fala com seu pai, com simplicidade, dizendo tudo o que pensa, com transparência e confiança. "A prova de que sois filhos é que Deus enviou a vossos corações o Espírito de seu Filho, que clama: 'Aba, Pai!'" (Gl 4,6).

"Eis como deveis rezar: PAI NOSSO, que estais no céu, santificado seja o vosso nome; venha a nós o vosso Reino; seja feita a vossa vontade, assim na terra como no céu. O pão nosso de cada dia nos dai hoje; perdoai-nos as nossas ofensas, assim como nós perdoamos aos que nos ofenderam; e não nos deixeis cair em tentação, mas livrai-nos do mal" (Mt 6,10-13).

Há diferentes **estilos de oração** na Igreja: a leitura orante, a oração silenciosa, de súplica, de intercessão, diversas modalidades de meditação e de consagração. Há diversas espiritualidades que, com seus carismas, enriquecem a vida da Igreja. "Há diversidade de dons, mas um só Espírito" (1Cor 12,4). Não há um carisma melhor do que outro, o Espírito Santo inspira diferentes formas de se rezar e diversos estilos no seguimento de Jesus, não para que sigamos a todos, mas para que cada um encontre o modo que mais corresponde a sua personalidade, a seu traço pessoal de semelhança com Deus.

Lemos no Catecismo da Igreja: "O carisma pessoal (de cada espiritualidade) testemunha que o amor de Deus pelos homens pode ter sido transmitido, como o espírito de Elias o foi a Eliseu e a João Batista, para que haja discípulos que partilhem desse espírito. Uma espiritualidade está também na confluência de outras correntes, litúrgicas e teológicas, e testemunha a inculturação da fé em um determinado meio humano e na respectiva história. As espiritualidades cristãs participam na tradição viva da oração e são guias indispensáveis para os fiéis... A verdadeira espiritualidade (sempre) forma um coração missionário..." (CIC, 2684).

6. Sacramentos: Comunicação e encontro

De todas as formas de oração, nada supera os sacramentos, instituídos por Deus para encontrar-se conosco e comunicar-nos sua graça, tornar-nos participantes ativos em sua aliança. Por isso todas as outras formas de oração precisam partir dos sacramentos e conduzir a eles. Também nosso atuar como comunicadores só é autenticamente católico se conduzir ao encontro com Deus, por meio dos sacramentos. Papa Francisco explica que a presença nas redes digitais não pode ser vista como um fim em si mesma, mas como parte do processo de anunciar o Evangelho, cuja meta é "ajudar os homens de hoje a descobrirem o rosto de Cristo". Para isso se "coordena a atividade por meio da rede, para depois celebrar juntos a Eucaristia" (DMCS, 2019).

Em suas catequeses sobre a Missa, o Papa explica que "os Sacramentos são os sinais do amor de Deus, os caminhos privilegiados para nos encontrarmos com Ele... A Missa é oração por excelência, a mais elevada, a mais sublime e ao mesmo tempo a mais 'concreta'... É o encontro de amor com Deus mediante a sua Palavra e o Corpo e Sangue de Jesus" (Audiência, 8.11.2017).

Seus conselhos para vivenciar bem a Missa são: "1. Ser humilde, reconhecer-se filho, repousar no Pai, confiar nele. 2. Deixar-se surpreender. Para entrar no Reino dos céus é preciso deixar-se surpreender. O Senhor encontra nossa fragilidade para nos reconduzir a nosso primeiro chamado: ser à imagem e semelhança de Deus. É este o ambiente da Eucaristia, é esta a oração" (Audiência, 15.11.2017).

Nós, cristãos, vamos à Missa aos domingos para encontrar o Senhor Ressuscitado e para nos deixarmos encontrar por Ele, ouvir sua palavra, alimentar-nos a sua mesa e assim tornar-nos Igreja, isto é, seu Corpo místico vivo no mundo. O encontro dominical com o Senhor dá-nos a força para viver o presente, com confiança e coragem, e para progredir com esperança. Se recebermos a Eucaristia com fé, podemos amar verdadeiramente a Deus e ao próximo, amar como Ele nos amou.

Como podemos responder a quem diz que não é preciso ir à Missa, nem aos domingos, porque o importante é viver bem, amar o próximo? É verdade que a qualidade da vida cristã se mede pela capacidade de amar, como disse Jesus: "Nisto todos saberão que sois meus discípulos, se vos amardes uns aos outros" (Jo 13,35). Mas como podemos praticar o Evangelho sem receber a energia necessária na fonte inesgotável da Eucaristia? Não vamos à Missa só para oferecer algo a Deus, mas para receber dele aquilo de que verdadeiramente temos necessidade.

Em síntese, por que ir à Missa aos domingos? Não é suficiente responder que é para cumprir um preceito da Igreja. Nós temos necessidade de participar na Missa dominical, porque só com a graça de Jesus, com a sua presença viva, em nós e entre nós, podemos colocar em prática seu mandamento e assim ser suas testemunhas credíveis (cf. FRANCISCO, Angelus, 13.12.2017).

A Eucaristia está intimamente ligada com o sacramento da reconciliação, pois, não somos dignos de receber o corpo de Cristo e precisamos purificar-nos de nossos pecados, para nos reconectar com o Senhor. Somos pecadores e carregamos conosco o peso da contradição entre o que queremos fazer e aquilo que fazemos (cf. Rm 7,14ss). Buscar o sacramento da confissão, junto a um sacerdote, é ir para receber o abraço misericordioso do Pai, que vem a nosso encontro para nos restituir a graça de sermos considerados seus filhos. A graça é mais forte do que o mal que praticamos. Em cada confissão, Deus faz-nos compreender seu amor imenso para conosco, sua compaixão, justamente por causa de nosso esforço sincero para nos educar e sermos santos, apesar de nossas fraquezas.

Só Deus perdoa os pecados, mas também nos pede que, da mesma forma, estejamos prontos para perdoar aos outros: "Perdoai-nos as nossas ofensas, assim como nós perdoamos a quem nos tem ofendido" (Mt 6,12). Pelas leis da Igreja, temos de nos confessar, ao menos, por ocasião das celebrações da Páscoa. Mas, se queremos ter uma comunicação fluida com Deus, precisamos nos confessar cada vez que cometemos um pecado grave e é aconselhável que o façamos também quando cometemos pecados leves, a fim de que nada nos afaste da graça. Não há o que um pecador arrependido coloque diante da misericórdia de Deus que possa ficar sem o abraço de seu perdão.

7. Maria ensina a comunicar-se com o Pai

A unidade entre Jesus e sua Mãe, no amor ao Pai, era tão profunda, que é difícil distinguir qual dos dois ensinou o outro a se comunicar com Ele. "O Filho de Deus, feito Filho da Virgem, aprendeu a orar, segundo seu coração de homem, com as fórmulas de oração de sua Mãe, que conservava e meditava em seu coração todas as 'maravilhas' feitas pelo Onipotente. Ele ora com as palavras e nos ritmos da oração de seu povo, na sinagoga de Nazaré e no Templo. Mas sua oração brotava de uma fonte muito mais secreta, como deixa pressentir quando diz, aos doze anos: 'Eu devo ocupar-me das coisas de meu Pai' (Lc 2,49)" (CIC, 2599).

Essa resposta de Jesus a sua Mãe, quando Ela e José o encontraram no Templo, é uma paráfrase da resposta que Ela deu ao anjo, na hora da anunciação: "Eis aqui a serva do Senhor, faça-se em mim, segundo tua palavra" (Lc 1,38). Como homem, Ele aprendeu dela a escolher em primeiro lugar o que é vontade do Pai. Mas, ao mesmo tempo, como ensina o Pe. José Kentenich, "aos doze anos, Jesus olha para sua Mãe e aponta para o Pai: o Pai quis assim e, embora você não entenda, as coisas são assim. Por outro lado, logo a seguir, ele deixou-se educar por ela: regressaram a casa e tudo voltou à normalidade. Uma situação singular, não é verdade? Quem educa, a Mãe ao Filho ou o Filho a sua Mãe?

Durante trinta anos, Jesus deu a sua Mãe o exemplo de como se vive um Filho do Pai. Se o fez durante a vida pública, podemos deduzir que também o fizera antes. A Mãe de Deus aprendeu com Jesus a ser filha do Pai... Esforçou-se para ser seu reflexo, imagem do Pai, porque toda filha deseja ser semelhante ao pai. Porém, não foi apenas filha singular, mas, de igual modo, colaboradora do Pai" (Às segundas-feiras, 2010).

É admirável a relação entre a atitude de Maria e de Jesus e a sintonia entre ambos na comunicação com o Pai e com o próximo. Por exemplo, na oração do Pai-nosso, ensinada por Jesus, encontramos refletida a mesma atitude de Maria: "Santificado seja vosso nome" (Mt 6,9); "Santo é seu nome" (Lc 1, 49); "Seja feita vossa vontade..." (Mt 6,10); "Faça-se em mim, segundo tua palavra" (Lc 1,38).

Ela acompanha toda a vida de Jesus, em oração, desde sua concepção até a ressurreição. Depois, reúne os Apóstolos em oração, no Cenáculo, preparando-os para a vinda do Espírito Santo, e acompanha os primeiros passos da Igreja nascente (cf. At 1,14).

"A presença de Maria é por si só oração e sua presença entre os discípulos no Cenáculo, à espera do Espírito Santo, é orante. Assim, Maria dá à luz a Igreja, é Mãe da Igreja. O Catecismo explica: 'Na fé de sua humilde serva, o Dom de Deus – ou seja, o Espírito Santo – encontra o acolhimento que Ele esperava desde o princípio dos tempos' (CIC, 2617)... Alguém comparou o coração de Maria com uma pérola de esplendor inigualável, formada e limada pela aceitação paciente da vontade de Deus, através dos mistérios de Jesus meditados na oração. Que bom se também nós pudéssemos assemelhar-nos um pouco à nossa Mãe! Com o coração aberto à Palavra de Deus, com o coração silencioso, com o coração obediente, com o coração que sabe receber a Palavra de Deus, deixando-a crescer com uma semente do bem da Igreja" (FRANCISCO, catequese, 18.11.2020).

Que ela nos ensine a rezar com o coração, com as palavras, o silêncio e a vida!

5. Maria: Mãe, Modelo e Educadora na comunicação

Quando o pecado obstrui a comunicação harmoniosa do ser humano com Deus, "Maria encontra-se já profeticamente delineada na promessa da vitória sobre a serpente (cf. Gn 3,15), feita aos primeiros pais. Ela é a Virgem que conceberá e dará à luz um Filho... Com Ela se cumprem os tempos e se inaugura a nova economia da salvação, quando o Filho de Deus recebeu dela a natureza humana, para libertar o homem do pecado, com os mistérios de sua vida terrena" (LG, 56). Maria é anunciada como a Esperança de reconciliação, aquela na qual a Palavra do Pai se realiza.

Ao comunicar-se com Maria, o anjo Gabriel a introduz em sua participação no mistério da paternidade e da filiação divina, no seio da Trindade. Ensina o Pe. José Kentenich que "o Pai celeste gerou o Filho, deu-lhe tudo, e a Mãe de Deus deu-lhe a vida humana, por isso falamos de uma dupla geração de Jesus: Ele foi gerado no seio do Pai eterno e no seio da Mãe de Deus. Ambos podem dizer: Jesus é meu filho" (Às segundas-feiras, 2010).

No ventre materno de Maria, pela ação do Espírito Santo, o Comunicado da Trindade se torna presente entre nós. Logo, Maria é a Mãe da maior e mais perfeita comunicação, a Palavra Encarnada, e ninguém melhor do que ela pode nos introduzir nesse mistério de amor e nos educar como autênticos comunicadores.

Segundo muitos estudiosos da Sagrada Escritura, é muito provável que Lucas escreveu seu Evangelho, a partir de suas conversas pessoais com Maria. Ele não conheceu pessoalmente Jesus e, em seus relatos, há muitos detalhes da vida de Maria e de Jesus, que só Ela poderia ter lhe oferecido. Podemos, pois, dizer que, ao menos, uma boa parte desse Evangelho é Maria quem revela os mistérios da vida de seu Filho.

Há poucas palavras dela, na Bíblia. Mas devemos ir além de seu silêncio, aprofundar-nos também no conteúdo de suas poucas palavras pronunciadas e, principalmente, no que Ela comunica por suas ações e no que a tradição e a hierarquia da Igreja continuam a refletir sobre sua atuação excepcionalmente fecunda para a encarnação da Palavra, em todos os tempos. Como escreve papa Francisco: [O Senhor] "fala ao mundo naquela linguagem que por vezes não tem palavras" (Dilexit nos, 214).

Voltamos nosso olhar para Ela! A Mulher inteiramente humana, filha, esposa e mãe, a perfeita comunicadora, que também volve seu olhar a cada um de nós, disposta a acolher-nos, educar-nos e acompanhar-nos em nossa vocação de comunicar a mensagem de Jesus, a quem ninguém mais do que Ela conhece e ama.

1. A Filha do Pai que escuta, plena da graça

Maria é Imaculada, totalmente aberta para comunicar-se com Deus, Ela escuta, pergunta e responde com palavras e com a vida. Quantas revelações e quantos mistérios há na narração do anúncio pelo anjo Gabriel

(Lc 1,28-38). Quanto já se falou e se escreveu sobre isso e ainda há muito mais a se descrever e aprofundar.

Maria é modelo de comunicadora que sabe escutar. A história da encarnação da Palavra se inicia com a narração de que o enviado por Deus chega a Nazaré, na Galileia: "Entrando, o anjo disse-lhe: 'Ave, cheia de graça, o Senhor é contigo'" (Lc 1,28). Tomando em consideração que é a própria Maria quem partilha isso com Lucas, Ela não diz que estava em oração, mas que estava recolhida em sua atmosfera privada, fora do barulho social, aberta para escutar. Os detalhes da descrição do anúncio mostram-nos quão atenciosa era sua escuta, como Ela valoriza cada detalhe, dando ênfase sempre para a revelação do Divino. Por que faz questão de detalhar tanto? Porque ela "escuta" as necessidades de todos aqueles que precisam desses detalhes para poderem crer em Jesus. Pela revelação do momento do anúncio ao Evangelista, Ela quer levar ao mais vasto público a ação amorosa do Pai, que envia seu Filho ao mundo, para restaurar a comunhão com a humanidade.

Mas Deus não somente fala com a singela jovem de Nazaré. Ele também a escuta, acolhe suas dúvidas e responde suas perguntas. "'Como se fará isso, pois não conheço homem?' Respondeu-lhe o anjo: 'O Espírito Santo descerá sobre ti, e a força do Altíssimo te envolverá com sua sombra'" (Lc 1,34-35). A resposta do anjo, embora pareça que nada explica, é acolhida plenamente por Maria. Ela entende que aquele que fala é muito maior do que Ela e seus saberes, então, confia inteiramente nessas palavras.

Muitas vezes, isso pode acontecer também conosco, comunicadores. Precisamos anunciar Aquele que para nós também ainda permanece no mistério, divulgar seu amor, sem compreendermos inteiramente muitas de suas ações. Nessas horas, coloquemo-nos ao lado de nossa Mãe, seguremos em sua mão e sigamos em frente, com fé na Divina Providência, na certeza de que Deus não nos decepciona.

Gabriel, ao lhe revelar que Ela é cheia de graça, assegura que Ela é plena da comunicação de amor que flui no mistério da Santíssima Trindade, pois a graça "é uma participação na vida de Deus e nos introduz na intimidade da vida trinitária" (CIC, 1997). Cheia de graça significa ser dócil à ação do Espírito Divino, não colocar obstáculos para as obras que Deus quer realizar. "São Paulo define a comunidade cristã como 'uma carta de Cristo, redigida por nós, escrita não com tinta, mas com o Espírito de Deus vivo, não em tábuas de pedra, mas em tábuas de corações humanos' (2Cor 3,3). Como primeira discípula e figura da Igreja, Maria é também uma carta escrita com o Espírito de Deus vivo. Precisamente por isso, ela pode ser 'conhecida e lida por todos os homens' (2Cor 3,2), até por quem não sabe ler livros de teologia, por aqueles 'pequeninos', aos quais Jesus diz que são revelados os mistérios do Reino, escondidos aos sábios (cf. Mt 11,25)" (FRANCISCO, catequese, 13.11.2024).

Maria escuta também o que o anjo não lhe diz: Isabel precisa de sua ajuda! Ela se coloca no lugar de sua prima, ao saber seu estado de gestante, e, embora na mesma situação que ela, segue apressada pelas montanhas para ajudar e servir. Seu amor a seu Filho, desde o primeiro momento, é um amor que se torna serviço comunitário, o que mais tarde Jesus irá recomendar também a nós: "Sempre que fizestes isto a um destes meus irmãos mais pequeninos, a mim mesmo o fizestes" (Mt 25,40). Ela antecipa a atitude do bom Samaritano, narrada posteriormente por Jesus e apresentada pelo papa Francisco como "a parábola do comunicador", que se faz próximo da necessidade do outro e cuida dele (DMCS, 2014).

Como plena de graça, a Mãe de Deus comunica a Trindade simplesmente por estar junto. Quem se encontra com Maria, com o coração aberto, recebe o Espírito Santo. Quando Ela entra e saúda Isabel, a atuação da graça é imediata: "A criança estremeceu em seu seio e Isabel ficou cheia do Espírito Santo" (Lc 1,41). Isso nos mostra "a comunicação como um diálogo que tece com a linguagem do corpo. Com efeito, a primeira resposta à saudação de Maria é dada pelo menino, que salta de alegria no ventre de Isabel. Exultar pela alegria do encontro é, em certo sentido, o arquétipo e o símbolo de qualquer outra comunicação, que aprendemos ainda antes de chegar ao mundo.

O ventre que nos abriga é a primeira 'escola' de comunicação, feita de escuta e contato corporal, onde começamos a familiarizar-nos com o mundo exterior em um ambiente protegido e ao som tranquilizador do pulsar do coração da mãe. Este encontro entre dois seres simultaneamente tão íntimos e ainda tão alheios um ao outro, um encontro cheio de promessas, é nossa primeira experiência de comunicação. E é uma experiência que nos irmana a todos, pois cada um de nós nasceu de uma mãe" (DMCS, 2015).

Depois dessa experiência de comunicadora da graça para a família de sua prima, podemos dizer que Maria nunca mais permaneceu parada, Ela está continuamente a caminho, indo ao encontro de todo aquele que necessita da presença de seu Filho. Quer seja por meio de um santinho, uma estampa, medalha ou uma Imagem Peregrina, Ela continua a percorrer apressada as montanhas de nosso tempo. Refiro-me, por exemplo, às famílias que recebem a visita da imagem peregrina da Mãe, Rainha e Vencedora Três Vezes Admirável de Schoenstatt ou sob outros títulos. Nas dezenas de anos em que acompanho essa ação apostólica, são inumeráveis os relatos que provam que quem acolhe Maria abre as portas para a comunicação com seu Filho. Começa com uma simples acolhida da imagem e o olhar para ela, disso passa para conversas rápidas. Maria escuta admiravelmente até o que não se fala e abre os corações para a graça da redenção. Ela é a discípula comunicadora enviada por seu Filho, para todos os lugares em que Ele deve ir, Ela entra nas casas, come o que lhes serve e anuncia o amor, prepara para o encontro pessoal com Jesus. Quantas paróquias se tornaram novamente um lar repleto de filhos, que retornaram, porque a Mãe foi buscá-los em casa. Com razão, disse papa Francisco, em Aparecida: "É de Maria que se aprende o verdadeiro discipulado. E, por isso, a Igreja sai em missão sempre na esteira de Maria" (Homilia, 24.7.2013).

Maria é uma Mãe que vai ao encontro, que escuta e acolhe com misericórdia as necessidades de seus filhos, em qualquer lugar e situação em que se encontram, e presenteia generosamente cada um com a plenitude da graça divina que traz em si. É o que afirma São João Paulo II, ao referir-se à imagem peregrina de Jasna Gora: "Estas visitas mostram o que vem a ser a real presença materna da Mãe de Deus no Mistério de Cristo e de sua Igreja. Saindo de seu santuário para visitar cada Diocese e cada paróquia, Maria mostrou-se a todos nós, de modo particular, como Mãe. De fato, a mãe não só espera os filhos em sua casa, mas segue-os por toda a parte onde estabeleçam residência. Onde quer que vivam, onde quer que trabalhem, onde quer que formem suas famílias, onde quer que estejam presos a um leito de dor e até em qualquer caminho errado em que se encontrem, esquecidos de Deus e carregados de culpas" (Discurso, 4.6.1979).

Como Maria, estejamos sempre atentos ao que nos é comunicado, por isso, no processo sinodal da escuta, ouçamos o que é falado e o que não é dito, pelas janelas dos olhares, vejamos o coração, e não tenhamos receio de ir "pelas montanhas", isto é, fazer tudo o que nos cabe, mesmo que seja difícil, levando para outros a graça que nos foi dada por amor e misericórdia.

2. Mãe que educa o filho comunicador

Deus não precisava de Maria para se encarnar. Aquele que criou o céu e a terra teria muitos outros modos para se tornar presente entre nós. Mas Deus quis precisar de Maria, Ele a escolheu para ser gerado e ir ao encontro de cada filho pecador. "No plano de Deus em relação a Maria! Ela tem e terá sempre um lugar na história da salvação. Jesus quis associá-la a Ele como sua 'generosa cooperadora' no tempo e na eternidade (cf. LG, 61). Seu lugar e sua missão não dependem do reconhecimento dos fiéis, é algo que lhe vem de Deus!" (MELLO, 2014).

Tendo Ela o acompanhado em todos seus passos na terra, antes de morrer, Jesus amplia sua maternidade.

"Quando Jesus viu sua mãe e perto dela o discípulo que amava, disse a sua mãe: 'Mulher, eis aí teu filho'. Depois disse ao discípulo: 'Eis aí tua mãe'. E dessa hora em diante o discípulo a recebeu como sua mãe" (Jo 19,26-27). "Estas palavras de Jesus, no limiar da morte, não expressam em primeiro lugar uma terna preocupação por sua Mãe; mas são, antes, uma fórmula de revelação que manifesta o mistério de uma missão salvífica especial. Jesus deixava-nos sua Mãe como nossa Mãe. E só depois de fazer isto é que Jesus pôde sentir que 'tudo estava consumado' (Jo 19,28)" (EG, 285).

Maria leva a sério a missão recebida de seu Filho, e logo a vemos reunida em oração, com os apóstolos, no Cenáculo, à espera do Espírito Santo: "E todos perseveravam unânimes unidos em oração, com Maria, a Mãe de Jesus" (At 1,14). Sem dúvida, Ela é a Mãe de Misericórdia, que não se detém na covardia daqueles que negaram seu Filho e o deixaram sozinho na pior hora de sua vida. Mas tem o olhar materno, que vê muito além de suas fraquezas, conhece e compreende o coração de cada um. Ela que já recebeu a plenitude do Espírito Santo, na concepção de seu Filho, com sua presença amorosa, cria uma atmosfera familiar e educa os apóstolos para a missão que irão realizar, ensina-os a rezar e a confiar na bondade de Deus, ensina-os a não desanimarem nas horas difíceis, a entenderem que quando nos esvaziamos do orgulho e da prepotência, tornamo-nos abertos para que o Espírito Santo realize milagres de transformação em nós e nos outros.

São três as atitudes dos Apóstolos no Cenáculo: o espírito mariano, o espírito de oração e o espírito de confiança. Eles se reuniram em torno da querida Mãe e rezaram com ela, e por meio dela fizeram-se dependentes de suas preces. Não devo agir também assim? Eram perseverantes na oração. Esta frase pode servir de norma para minha vida: junto a Maria, consigo ser mais assíduo e perseverante nos diálogos com Jesus, o Pai e o Espírito Santo. Ela me ensina a rezar sem complicação, a falar com Deus como uma pessoa próxima, sem ter medo de ser quem sou. Espírito de unidade: Junto da Mãe, a cada um já não importa tanto os defeitos e as falhas dos outros, pois cada um sente-se acolhido com ternura por Ela, assim como é. Importa permanecermos juntos, esperar e confiar na força daquele que Jesus prometeu, o Espírito Santo.

Esta é a atmosfera familiar da Igreja nascente. É dessa vivência de encontro e de vínculo pessoal, de ternura materna, que nascem os comunicadores destemidos e sábios, levados pela força divina, que como fogo ardente iluminam a história da humanidade, levando a mensagem de Jesus.

Essa mesma atmosfera se realiza também hoje, quando nos reunimos com Maria. Junto dela, nosso coração se torna mais maleável para a ação da graça, e o que aconteceu em Pentecostes atualiza-se nessa realidade atual, repleta de avanços tecnológicos e pobre de ternura: Deus envia seu Espírito e tudo se renova. Surge uma nova criatura em cada um de nós, o filho do Pai muito mais solidário, aberto para Deus e para as pessoas. Ela nos ajuda a estarmos capacitados para comunicar Jesus Cristo, a Verdade e a Vida, onde as pessoas estão e na língua que elas entendem.

No decorrer da história da Igreja, Ela prova que sabe educar filhos comunicadores ousados na missão. Um deles é o beato Tiago Alberione (1884-1971), que, como São Paulo, consumiu sua vida pelo anúncio de Cristo e usou sabiamente os meios de comunicação para isso. Ele escreve sobre sua infância, em 1956: "Mamãe nos consagrou a Maria, Rainha das Flores, quando éramos apenas recém-nascidos". Outro conterrâneo seu, o servo de Deus, Pe. José Kentenich (1885-1968), também foi consagrado a Maria, ainda no ventre materno. Como fundador, impulsionou os seus ao apostolado e também se dedicou à comunicação por meio das mídias. Em 1916, fundou sua primeira revista, em uma edição de 200 exemplares. Em um ano, cada edição já tinha mais de mil exemplares e a revista se tornou uma bússola de orientação para muitos católicos na Alemanha e fora dela. Em seguida, surgem mais 9 publicações para os diversos públicos específicos: sacerdotes, jovens, crianças, enfermos... Até serem todas proibidas e fechadas, em 1935, por serem consideradas "perigosas" para a ideologia nazista. Aproximando mais de nossos dias, vemos Carlo Acutis, o patrono da internet, que também dedicava um amor especial a Maria e rezava o terço diariamente. Com sua família, peregrinava aos Santuários marianos e, em 2006, começou a organizar uma coletânea sobre as aparições de Nossa Senhora e os santuários marianos no mundo. Por seu amor à Eucaristia, Jesus o conduziu a sua Mãe, como fez com João, e Ela o educou como corajoso apóstolo e santo comunicador.

Olhemos para o papa Francisco, sem dúvida alguma, uma das pessoas mais influentes de nosso tempo. De onde vem sua profunda teologia que, além de abranger os grandes pensadores do passado e da atualidade, permanece tão próxima das pessoas, no chão da vida diária?

O mundo todo parou para acompanhar sua postura corajosa e oração humilde, no ápice da pandemia, quando em 27 de março de 2020, ele deu a bênção *Urbi et Orbi* (à cidade e ao mundo) a todos os fiéis, com a indulgência plenária, aos mais de um bilhão de católicos, e consagrou o mundo ao coração de Maria, naquela atmosfera chuvosa. Talvez nunca aquela imagem solitária, na Praça de São Pedro, teria reunido tantas pessoas ao mesmo tempo, com os olhares voltados para a transmissão e o coração unido, nas confiantes e humildes súplicas do Papa: "Ajuda-nos, Maria!" E ela ajudou...

Quem se consagra a Maria, e deixa-se conduzir por Ela, torna-se um comunicador eficaz de Jesus Cristo. "A Mãe de Deus ajuda-nos: a Mãe que gerou o Senhor, gera-nos para o Senhor. É Mãe e gera sempre de novo, nos filhos, a maravilha da fé, porque a fé... Nossa Senhora introduz na Igreja a atmosfera de casa, de uma casa habitada pelo Deus da novidade. Acolhamos maravilhados o mistério da Mãe de Deus... Deixemo-nos olhar, deixemo-nos abraçar, deixemo-nos tomar pela mão, por Ela" (FRANCISCO, homilia, 1.1.2019).

Pe. José Kentenich diz também que a verdadeira devoção mariana conduz à autoeducação, para se ter também "uma atitude mariana. Que atitude a Mãe de Deus tem para com o Deus Trino? Ela é Mãe do Filho unigênito, auxiliar em sua missão. Ela é filha do Pai, sempre pronta a realizar sua vontade. É o vaso aberto e instrumento escolhido do Espírito Santo. O vínculo mariano é uma excelente proteção e ajuda para o estilo de vida litúrgico, para a atitude litúrgica perante a vida" (1932).

Maria é a Mãe da Santa Esperança, que cumpre sua missão, sem desanimar e sem duvidar. Consagrar-se a Ela não significa colocar-se em postura passiva, esperando que Ela resolva todas as nossas dificuldades. Muito mais do que isso, significa entrar confiante em sua escola, ter a coragem de abraçar seu estilo de vida, deixar-se educar por Ela como filho do Pai, em Cristo, e tornar-se verdadeiramente: Missionários da Esperança.

3. Santuários Marianos: Oficinas de Comunicação

Antes e depois de cada viagem ou um evento muito importante, como os Sínodos, o papa Francisco sai de sua moradia, junto à Basílica de São Pedro, e peregrina ao Santuário de Nossa Senhora Salvação do Povo Romano. O fato dele peregrinar e levar flores para Maria, nesta Basílica Santa Maria Maior, o primeiro Santuário Mariano do mundo, local que escolheu também para ser sepultado, testemunha a importância dada por ele aos Santuários. Soma-se a isso que, em cada país que visita, ele faz questão de peregrinar ao principal Santuário mariano da nação, como fez, por exemplo, quando, apesar dos tantos compromissos que tinha com a JMJ, no Rio de Janeiro, em 2013, deslocou-se para o Santuário de Nossa Senhora Aparecida.

Os Santuários fazem parte da nossa comunicação simbólica, dada por Deus! Ele nos criou e sabe que faz parte de nossa psicologia o sentido de pertença a um lar. Desde o Antigo Testamento, vemos que Deus sempre usou de lugares de graças, santuários, para que nos aproximemos de sua presença. "Todos os santuários são, também no presente, um inestimável dom da graça para a Igreja... O santuário testemunha que Deus é maior do que nosso coração, que nos amou desde sempre e nos deu seu Filho e o Espírito Santo, porque quer habitar em nós e fazer de nós seu templo e, de nossos membros, o santuário do Espírito Santo, como diz São Paulo: 'Não sabeis que sois templos de Deus e que o Espírito de Deus habita em vós? Se alguém destruir o templo de Deus, Deus o destruirá. Porque o templo de Deus, que sois vós, é santo' (1Cor 3,16-17; cf. 6,19). Nós somos o templo de Deus vivo: 'Habitarei e caminharei entre eles, e serei seu Deus, e eles serão meu povo' (2Cor 6,16)" (CPPMI).

Santuários são autênticos lugares de encontros, de restauração e fortalecimento de vínculos. Eles testemunham que a verdadeira comunicação não se dá por bombardeios de publicações e informações, mas por possibilitar encontros, dentro e fora do ambiente digital. Na comunicação, nada pode substituir o ver e encontrar-se pessoalmente. Algumas coisas só se podem aprender, experimentando-as. Na verdade, não se comunica só com as palavras, mas também com os olhos, o tom da voz, os gestos. O intenso fascínio de Jesus sobre quem o encontrava dependia da verdade de sua pregação, mas a eficácia daquilo que dizia era inseparável de seu olhar, de suas atitudes e até de seus silêncios (cf. DMCS, 2021).

Em seus Santuários, Maria nos dá uma grande lição com sua estratégia, seu estilo e a eficácia de sua comunicação. Papa Francisco nos chama a atenção, por exemplo, como em Guadalupe. Quando os missionários, "em vez do caminho da inculturação", tentavam impor uma cultura europeia às populações indígenas, "a Virgem de Guadalupe, pelo contrário, aparece vestida com as roupas dos autóctones, fala a língua deles, acolhe e ama a cultura local: Maria é Mãe, e sob seu manto cada filho encontra lugar. Nela, Deus fez-se carne e, através de Maria, continua a encarnar-se na vida dos povos. Nossa Senhora, de fato, anuncia Deus na língua mais adequada, ou seja, a língua materna" (Catequese, 23.8.2023).

Além de revestir-se do rosto, da voz e da cultura local, Maria pede a Juan Diego que lhe seja construída uma casa, onde ela possa acolher seus filhos. O Santuário de Nossa Senhora de Guadalupe tornou-se um lugar de milhares de conversões, tanto naquela época como até hoje. Ela desce à terra para tocar com sua ternura os corações, a fim de que se abram para o encontro pessoal com Jesus e, nele, encontrem o amor paterno e misericordioso de Deus Pai.

Francisco descreve como vivenciou isso também nos atendimentos às confissões, junto a outro Santuário, o de Nossa Senhora de Luján, quando era arcebispo em Buenos Aires. Os peregrinos desse Santuário tinham o coração tocado pela graça, quando passavam diante da imagem de Maria. Francisco atendeu ali a confissão de fiéis e dava preferência aos confessionários que ficavam no local de saída, de onde estava a imagem de Maria. Quando as pessoas se confessavam, após terem passado diante dela, aconteciam muitas conversões. Ele conta que atendeu ali a confissão de pessoas que há mais de 40 anos haviam se afastado dos sacramentos. Mas eram tocadas pelo olhar materno da Virgem de Luján (cf. MELLO, 2014). Adiciono aqui uma vivência pessoal: no Santuário da Mãe e Rainha de Schoenstatt, em Atibaia, SP. Durante uma peregrinação, um professor universitário de 70 anos veio feliz a meu encontro e me disse:

"Hoje, eu me confessei e logo mais farei minha primeira comunhão!" Surpresa, perguntei-lhe o que o havia levado a isso e recebi como resposta: "Eu entrei no Santuário e Ela olhou para mim!"

Como escreve Mello: "Nos santuários marianos, os peregrinos 'vêm para vê-la e deixar-se olhar por ela' (cf. EG, 286), fazendo eco a uma homilia que (o Papa) pronunciara em Luján: 'Mãe, presenteia-nos com teu olhar', este 'que destapa nossa alma. Teu olhar que está cheio de compaixão e de cuidado'. Estas não foram afirmações teóricas, mas a expressão de uma experiência tantas vezes repetida por ele" (2014).

Nesses lugares de graças, a comunicação gera engajamento e compromisso social. "Ali o cristão celebra a alegria de se sentir imerso em meio a tantos irmãos, caminhando juntos para Deus que os espera... O olhar do peregrino se deposita sobre uma imagem que simboliza a ternura e a proximidade de Deus... Ali, o peregrino vive a experiência de um mistério que o supera, não só da transcendência de Deus, mas também da Igreja, que transcende sua família e seu bairro... A súplica sincera, que flui confiadamente, é a melhor expressão de um coração que renunciou à autossuficiência, reconhecendo que, sozinho, nada é possível" (DA, 259).

Ali, sob o olhar de Maria, o amor filial de cada peregrino se manifesta em sua pureza, contempla o silêncio, comove-se e derrama junto a Maria todo o peso de sua dor e de seus sonhos. Nesse ambiente real de vivência do divino, "nos santuários, muitos peregrinos tomam decisões que marcam suas vidas. As paredes dos santuários contêm muitas histórias de conversão, de perdão e de dons recebidos que milhões poderiam contar" (DA, 260).

As peregrinações marianas, ainda que se trate de uma piedade popular, não é uma "espiritualidade de massas". Em meio à multidão de peregrinos, a comunicação do Evangelho, nos Santuários, penetra delicadamente a existência pessoal de cada fiel. Ao retornarem a seus locais, em diferentes momentos, a mensagem recebida continuará a interferir em suas decisões (cf. DA, 260).

4. As devoções marianas

Costuma-se medir a eficácia de uma comunicação pelo número de pessoas alcançadas, se elas se tornam multiplicadoras da mensagem e se esta interfere, de modo positivo, no comportamento das pessoas. Portanto, não há dúvidas que há muitas devoções marianas que são comunicações eficazes comprovadas na história da Igreja.

Naturalmente que é preciso ter sempre um bom critério para analisar a conveniência ou não de se propagar algumas delas, saber quem a iniciou, qual é seu objetivo real. Infelizmente, há sempre quem queira se aproveitar da boa fé do povo de Deus, em benefício próprio, sem o sério compromisso com a Evangelização e desvinculado da doutrina ou da hierarquia eclesiástica.

Também há quem seja contra as devoções marianas por possuir um pensar mecanicista, incapaz de unir a fé à vida e de ver todas as verdades da fé em consonância. Em parte, isso é consequência de uma cultura capitalista, que só analisa as pessoas e crenças sob a lupa da disputa entre poderes, lucros e influências. É como se as pessoas da Trindade competissem entre si e uma se desagradasse de um vínculo mais afetivo com a outra, ou como se o amor a Maria afastasse o devoto do amor a Jesus. Saber as verdades científicas da fé não significa ter compreensão correta sobre elas, ter mérito por praticá-las, nem nos dá o direito de julgar as ações das pessoas, sem as acolher com misericórdia.

O melhor remédio para curar essa "doença espiritual" do pensar mecanicista é justamente a verdadeira devoção mariana. "A devoção a Maria não é galanteria (cortesia) espiritual, mas uma exigência da vida cristã. Olhando para a Mãe, somos encorajados a deixar tantas bagatelas inúteis e reencontrar aquilo que conta... Porque a fé não se pode reduzir apenas à ideia ou à doutrina, precisamos, todos, de um coração de mãe que saiba guardar a ternura de Deus e ouvir as palpitações do homem" (FRANCISCO, homilia, 1.1.2018).

Naturalmente, é muito importante que também o amor e a devoção mariana sejam equilibrados e maduros para aceitar a doutrina, ser objetiva e apostólica. O critério para distinção é verificar se a devoção mariana é centrada nos interesses de Maria – o serviço a Cristo e aos irmãos – ou em subjetividades egoístas e fantasiosas. O autêntico amor a Maria ajuda o devoto a assemelhar-se mais a Jesus, pois o amor impulsiona o desejo de tornar-se semelhante ao amado.

Vejamos duas devoções marianas.

A oração do Ângelus – A oração que repete o diálogo entre o Anjo Gabriel e Maria, acompanhada pela oração da Ave-Maria, tem sua primeira referência em 1269, com uma prescrição de São Boaventura, para que os Frades Menores Franciscanos a rezassem, ao entardecer, acompanhando o toque dos sinos da igreja. A intenção é recordar-se sempre da hora sagrada em que o Verbo se encarna, por graça divina, e o humilde sim de Maria, motivando-nos a também dizer sempre sim aos planos de Deus em nossa vida. Em 1456, o Papa Calisto III prescreve a oração do Ângelus, com a recitação de três Ave-Marias, também para o meio do dia. Em 15 de agosto de 1954, Pio XII dá início à reza do Ângelus pelo Papa, na janela do Palácio Apostólico, na Praça de São Pedro. Isso acontece até hoje, aos domingos e dias santos, ao meio-dia. No tempo Pascal, a oração do Ângelus é substituída pela oração Regina Caeli.

A reza do Rosário – Em uma aparição a Santo Domingos de Gusmão (1170-1221), Maria o ensina a rezar as 50 Ave-Marias, acompanhadas pelos Pai-Nosso e Glória ao Pai. Papa Pio V confirma essa oração do Rosário, por ocasião da vitória na batalha de Lepanto, em 7 de outubro de 1571. Em Fátima, na aparição de 13 de julho de 1917, Maria pede que se reze o Rosário todos os dias, pela salvação do mundo. São João Paulo II proclama o ano de 2002 como Ano do Rosário e escreve uma encíclica sobre esta devoção, que nos ajuda a "contemplar o mistério de Jesus com o coração de Maria". Ele acrescenta mais cinco mistérios ao Rosário e determina as indulgências para quem o reza com devoção (cf. O Rosário da Virgem Maria, 37). Em sua conta, na rede social X, em 7 de outubro de 2016, papa Francisco escreveu: "O terço é a oração que acompanha sempre minha vida... é a oração de meu coração". Para ele, "a recitação do Rosário é a oração dos humildes e santos que, em seus mistérios, com Maria, contemplam a vida de Jesus, o rosto misericordioso do Pai" (FRANCISCO, X, 19.3.2020).

Percebemos que essas devoções se tratam de orações simples, que ajudam a dirigir o coração a Jesus, no decorrer do dia. Fica aqui a motivação para que você pesquise sobre outras devoções marianas, encontre o valor de cada uma para a união com Cristo e, se quiser, escolha uma como apoio para o cultivo de sua espiritualidade de comunicador.

Papa Francisco ensina que "quem ama o povo fiel de Deus não pode ver estas ações unicamente como uma busca natural da divindade. São a manifestação de uma vida teologal animada pela ação do Espírito Santo, que foi derramado em nossos corações (cf. Rm 5,5)... Para ele, trata-se de um "fruto do Evangelho inculturado", não se pode ignorar essa "obra do Espírito Santo", pois, essas orações têm muito que nos ensinar e são um lugar teológico a que devemos prestar atenção, particularmente na hora de pensar a nova evangelização (cf. EG, 125-126).

5. O comunicador mariano

O vínculo do comunicador com os Santuários Marianos colabora para que sua fé seja aplicada na vida diária. Estar na casa de Maria e deixar-se olhar por ela o ajudam a amadurecer corajosamente na graça de ser e viver como filho no Filho. Como em Caná, Maria impulsiona-o a "fazer tudo o que Ele disser" e a preparar milagres de transformação, depositando seus sacrifícios diários e seu esforço para praticar o Evangelho, como "água na talha", a fim de que Jesus a transforme em "vinho" da graça.

"Maria é aquela que sabe transformar um curral de animais na casa de Jesus, com uns pobres paninhos e uma montanha de ternura. Ela é a serva humilde do Pai, que transborda de alegria no louvor. É a amiga sempre solícita, para que não falte o vinho em nossa vida. É aquela que tem o coração trespassado pela espada, que compreende todas as penas. Como Mãe de todos, é sinal de esperança para os povos que sofrem as dores do parto até que germine a justiça. Ela é a missionária que se aproxima de nós, para nos acompanhar ao longo da vida, abrindo os corações à fé com seu afeto materno" (EG, 286).

Por isso um jornalista ou comunicador verdadeiramente mariano nunca se acomoda ou foge para ideologias utópicas. Ele está sempre com os dois pés na realidade, e sua proximidade com a Mãe do Senhor abre-lhe a mente e o coração para escutar a voz do Senhor, para olhar e sentir as necessidades do outro. Percebe o que não é dito e está pronto para "percorrer montanhas", revestir-se da dor de quem lhe é próximo e só publicar o que serve para o bem. Maria o capacita para "servir o melhor vinho", em sua ação comunicativa, a fim de que a comunhão na alegria testemunhe o Amor sempre presente.

O ambiente digital precisa de missionários que conduzam a Maria, a fim de que, com sua ternura, Ela ajude para que a conexão seja acompanhada pelo encontro e vínculo verdadeiro. Seu coração materno se torne santuário de acolhida e transformação àqueles que vivem fechados em si mesmos, necessitados de amar e serem amados. Não são as estratégias comunicativas que garantem a beleza, a bondade e a verdade da comunicação. Elas precisam ser preenchidas de ternura. Como diz papa Francisco, o mundo dos *mass media* não pode alhear-se da solicitude pela humanidade, mas é "chamado a exprimir ternura. A rede digital pode ser um lugar rico de humanidade: Não uma rede de fios, mas de pessoas humanas" (DMCS, 2014).

Ao peregrinarmos a um Santuário Mariano, aprendemos o estilo de comunicação de Maria, que, em qualquer ambiente, sabe acolher o outro, em todas as suas dimensões e necessidades. Como santuários vivos, aprendemos a escutar com o coração e nos tornarmos narradores de histórias e facilitadores de encontros. Que a harmonia, nobreza e simplicidade de seu ser resplandeçam em nós. O amor verdadeiro a Maria nos faz perguntar: Em minhas ações comunicativas, estou agindo como Maria? Como Ela falaria neste vídeo? Como Ela faria esta postagem? Como Ela escreveria este texto, faria esta foto, responderia a este comentário?

Deixemo-nos olhar, no mais profundo de nosso ser, por Maria, a grande comunicadora! Ela sabe o vinho que nos falta e intercede por nós, junto a seu Filho. A Mãe da Santa Esperança pode ajudar-nos a realizar nossa vocação de comunicador católico, ensinar-nos a confiar e sermos missionários da esperança, que anunciam aquele "a quem vimos e ouvimos!" (cf. 1Jo 1,3).

Conclusão

Ao terminar cada capítulo, senti o mesmo que João sentiu ao terminar seu Evangelho: Jesus é, fez e faz muito mais do que sou capaz de escrever. "Se fossem escritas uma por uma, penso que nem o mundo inteiro poderia conter os livros que se deveriam escrever" (Jo 21,25). Há muito na espiritualidade que está bem acima de qualquer capacidade humana de descrever ou explicar. Para compreender, é preciso praticar, vivenciar e deixar o Espírito Santo atuar na alma. Deixemos Maria – Mãe da comunicação – abrir nosso coração para a graça divina. Ela nos ensina a amar Jesus, como Ela o amou, a olhar o mundo, as pessoas e os acontecimentos sob a perspectiva da fé.

Seguindo os passos de Jesus, tenhamos como prioridade reservar espaço e tempo suficientes para uma conversa pessoal com o Pai, permanecendo em sintonia com o Espírito Santo, o qual sempre nos recordará que na Cruz tudo foi invertido. Não houve "likes" e praticamente nenhum "seguidor", no momento da maior manifestação da glória de Deus! Todas as medidas humanas de "sucesso" são relativizadas pela lógica do Evangelho.

Em todas as nossas atividades na comunicação, sejamos testemunhas e missionários da esperança que Cristo nos trouxe e mantém viva em nós, pela ação de seu Espírito. Irradiemos a alegria que o Senhor nos concede, como Maria, que, pela graça da humildade, não se põe em primeiro plano, facilitando deste modo o encontro com Cristo (cf. RPP 79-80).

Desejamos que esta leitura o tenha inspirado e motivado a se aprofundar ainda mais em cada tema e dar sua contribuição, ampliando e complementando o que aqui é apresentado, de forma sintetizada.

"Com Maria, cheios de alegre esperança e certos da vitória, rumo aos novos tempos!" (Pe. José Kentenich, mensagem, 1968).

Bibliografia

BÍBLIA DE JERUSALÉM, Nova edição, revista e ampliada. 3ª imp. São Paulo: Paulus, 2004.

BÍBLIA SAGRADA Ave-Maria, 141ª ed. São Paulo: Editora Ave Maria, 1959 (impressão 2001).

BÍBLIA SAGRADA: Nova Tradução na Linguagem de Hoje. São Paulo: Paulinas Editora, 2005.

BÍBLIA SAGRADA, Aparecida-SP: Editora Santuário, 1ª edição, 2016.

BÍBLIA SAGRADA, Tradução Oficial da CNBB, 6ª edição.

BENTO XVI, Papa

Angelus, 11 de junho de 2006. Disponível em: https://www.vatican.va/content/benedict-xvi/pt/angelus/2006/documents/hf_ben-xvi_ang_20060611.html

Carta Encíclica *Deus Caritas Est,* 25 de dezembro de 2005. Disponível em: https://www.vatican.va/content/benedict-xvi/pt/encyclicals/documents/hf_ben-xvi_enc_20051225_deus-caritas-est.html

Homilia em Pentecostes, 12 de junho de 2011. Disponível em: https://www.vatican.va/content/benedict-xvi/pt/homilies/2011/documents/hf_ben-xvi_hom_20110612_pentecoste.html

Mensagem para o 43º Dia Mundial das Comunicações Sociais, 24 de maio de 2009. Disponível em: https://www.vatican.va/content/benedict-xvi/pt/messages/communications/documents/hf_ben-xvi_mes_20090124_43rd-world-communications-day.html

Mensagem para o 44º Dia Mundial das Comunicações Sociais, 16 de maio de 2010. Disponível em: https://www.vatican.va/content/benedict-xvi/pt/messages/communications/documents/hf_ben-xvi_mes_20100124_44th-world-communications-day.html

CASTRO, Valdir José de. *A Missão do Agente da Pastoral da Comunicação*, Editora Santuário e Editora Paulinas, 2024.

CATECISMO DA IGREJA CATÓLICA. São Paulo: Edição típica Vaticana, Loyola, 2000.

CONSELHO PONTIFÍCIO para a Pastoral dos Migrantes e Itinerantes. *O Santuário, Memória, Presença e Profecia do Deus vivo*. 8 de maio de 1999. Disponível em: https://www.vatican.va/roman_curia/pontifical_councils/migrants/documents/rc_pc_migrants_doc_19990525_shrine_po.html

DICASTÉRIO PARA A COMUNICAÇÃO. *Rumo à presença plena*. Uma reflexão pastoral sobre a participação nas redes sociais, 28 de maio de 2023. Disponível em: https://www.vatican.va/roman_curia/dpc/documents/20230528_dpc-verso-piena-presenza_pt.html

DIRETÓRIO DE COMUNICAÇÃO DA IGREJA NO BRASIL – Documentos da CNBB 99 – 4ª edição, Edições CNBB, 2023.

DOCUMENTO DE APARECIDA: Texto conclusivo da V Conferência Geral do. Episcopado Latino-Americano e do Caribe, Edições CNBB, Paulinas, Paulus, 2007.

DOCUMENTO DE PUEBLA, Conclusões da IIIª Conferência Geral do Episcopado Latino-Americano, Puebla de los Angeles, México, 27-1 a 13-2 de 1979. Edições Paulinas.

FOLEY, John P. *Igreja e Internet*, Pontifício Conselho para as Comunicações Sociais, 2002. Disponível em: https://www.vatican.va/roman_curia/pontifical_councils/pccs/documents/rc_pc_pccs_doc_20020228_church-internet_po.html

FRANCISCO, Papa

Angelus, 17 de março de 2013. Disponível em: https://www.vatican.va/content/francesco/pt/angelus/2013/documents/papa-francesco_angelus_20130317.html

Angelus, 17 de janeiro de 2021. Disponível em: https://www.vatican.va/content/francesco/pt/angelus/2021/documents/papa-francesco_angelus_20210117.html

Angelus, 30 de maio de 2021. Disponível em: https://www.vatican.va/content/francesco/pt/angelus/2021/documents/papa-francesco_angelus_20210530.html

Angelus, 09 de janeiro de 2022. Disponível em: https://www.vatican.va/content/francesco/pt/angelus/2022/documents/20220109-angelus.html

Angelus, 12 de junho de 2022. Disponível em: https://www.vatican.va/content/francesco/pt/angelus/2022/documents/20220612-angelus.html

Angelus, 04 de junho de 2023. Disponível em: https://www.vatican.va/content/francesco/pt/angelus/2023/documents/20230604-angelus.html

Angelus, 04 de fevereiro de 2024. Disponível em: https://www.vatican.va/content/francesco/pt/angelus/2024/documents/20240204-angelus.html

Audiência, 02 de outubro de 2013. Disponível em: https://www.vatican.va/content/francesco/pt/audiences/2013/documents/papa-francesco_20131002_udienza-generale.html

Audiência, 08 de novembro de 2017. Disponível em: https://www.vatican.va/content/francesco/pt/audiences/2017/documents/papa-francesco_20171108_udienza-generale.html

Audiência, 15 de novembro de 2017. Disponível em: https://www.vatican.va/content/francesco/pt/audiences/2017/documents/papa-francesco_20171115_udienza-generale.html

Audiência, 13 de dezembro de 2017. Disponível em: https://www.vatican.va/content/francesco/pt/audiences/2017/documents/papa-francesco_20171213_udienza-generale.html

Audiência, 16 de janeiro de 2019. *Catequeses sobre o Pai Nosso*. Disponível em https://www.vatican.va/content/francesco/pt/audiences/2019/documents/papa-francesco_20190116_udienza-generale.html

Audiência, 18 de novembro de 2020. *Catequeses sobre a oração*. Disponível em: https://www.vatican.va/content/francesco/pt/audiences/2020/documents/papa-francesco_20201118_udienza-generale.html

Audiência, 23 de agosto de 2023. *Catequeses sobre o Zelo Apostólico*. Disponível em: https://www.vatican.va/content/francesco/pt/audiences/2023/documents/20230823-udienza-generale.html

Audiência, 13 de novembro de 2024. *Catequeses sobre o Espírito Santo*. Disponível em: https://www.vatican.va/content/francesco/pt/audiences/2024/documents/20241113-udienza-generale.html

Carta Encíclica *Fratelli Tutti,* 2020: Disponível em: https://www.vatican.va/content/francesco/pt/encyclicals/documents/papa-francesco_20201003_enciclica-fratelli-tutti.html

Discorso ai partecipanti all'assemblea plenaria del Dicastero per la Comunicazione, 31 de outubro de 2024. Disponível em: https://www.vatican.va/content/francesco/it/speeches/2024/october/documents/20241031-dicastero-comunicazione.html
Encíclica *Dilexit nos*, 24 de outubro de 2024. Disponível em: https://www.vatican.va/content/francesco/pt/encyclicals/documents/20241024-enciclica-dilexit-nos.html
Exortação Apostólica *Evangelii Gaudium*, 2013. Disponível em: https://www.vatican.va/content/francesco/pt/apost_exhortations/documents/papa-francesco_esortazione-ap_20131124_evangelii-gaudium.html
Homilia em 24 de julho de 2013. Disponível em: https://www.vatican.va/content/francesco/pt/homilies/2013/documents/papa-francesco_20130724_gmg-omelia-aparecida.html
Homilia em 01 de janeiro de 2018. Disponível em: https://www.vatican.va/content/francesco/pt/homilies/2018/documents/papa-francesco_20180101_omelia-giornata-mondiale-pace.html
Homilia em 01 de janeiro de 2019. Disponível em: https://www.vatican.va/content/francesco/pt/homilies/2019/documents/papa-francesco_20190101_omelia-giornatamondiale-pace.html
Homilia em 01 de janeiro de 2024. Disponível em: https://www.vatican.va/content/francesco/pt/homilies/2024/documents/20240101_omelia-madredidio-pace.html
Mensagem aos participantes da recitação do rosário pela Itália, em 19 de março de 2020. Disponível em: https://www.vatican.va/content/francesco/pt/messages/pont-messages/2020/documents/papa-francesco_20200319_videomessaggio-rosario-cei.html

Mensagem para o 32º Dia Mundial do Doente, 11 de fevereiro de 2024. Disponível em: https://www.vatican.va/content/francesco/pt/messages/sick/documents/20240110-giornata-malato.html

Mensagem para o 48º Dia Mundial das Comunicações Sociais, 01 de junho de 2014. Disponível em: https://www.vatican.va/content/francesco/pt/messages/communications/documents/papa-francesco_20140124_messaggio-comunicazioni-sociali.html

Mensagem para o 50º Dia Mundial das Comunicações Sociais, 08 de maio de 2016. Disponível em: https://www.vatican.va/content/francesco/pt/messages/communications/documents/papa-francesco_20160124_messaggio-comunicazioni-sociali.html

Mensagem para o 52º Dia Mundial das Comunicações Sociais, 13 de maio de 2018. Disponível em: https://www.vatican.va/content/francesco/pt/messages/communications/documents/papa-francesco_20180124_messaggio-comunicazioni-sociali.html

Mensagem para o 53º Dia Mundial das Comunicações Sociais, 02 de junho de 2019. Disponível em: https://www.vatican.va/content/francesco/pt/messages/communications/documents/papa-francesco_20190124_messaggio-comunicazioni-sociali.html

Mensagem para o 54º Dia Mundial das Comunicações Sociais, 24 de janeiro de 2020. Disponível em: https://www.vatican.va/content/francesco/pt/messages/communications/documents/papa-francesco_20200124_messaggio-comunicazioni-sociali.html

Mensagem para o 55º Dia Mundial das Comunicações Sociais, 23 de janeiro de 2021. Disponível em: https://www.vatican.va/content/francesco/pt/messages/communications/documents/papa-francesco_20210123_messaggio-comunicazioni-sociali.html

Mensagem para o 56º Dia Mundial das Comunicações Sociais, 24 de maio de 2022. Disponível em: https://www.vatican.va/content/francesco/pt/messages/communications/documents/20220124-messaggio-comunicazioni-sociali.html

Mensagem para o 57º Dia Mundial das Comunicações Sociais, 21 de maio de 2023. Disponível em: https://www.vatican.va/content/francesco/pt/messages/communications/documents/20230124-messaggio-comunicazioni-sociali.html

Mensagem para o 58º Dia Mundial das Comunicações Sociais, 12 de maio de 2024. Disponível em: https://www.vatican.va/content/francesco/pt/messages/communications/documents/20240124-messaggio-comunicazioni-sociali.html

Mensagem para o VIII Dia Mundial dos Pobres, 17 de novembro de 2024. Disponível em: https://www.vatican.va/content/francesco/pt/messages/poveri/documents/20240613-messaggio-viii-giornatamondiale-poveri-2024.html

FREGUETTI, Larissa. *O fantástico mundo dos fractais*, 2015. Disponível em: <https://engenharia360.com/o-fantastico-mundo-dos-fractais> Acesso: 29 agosto 2024.

JOÃO PAULO II

Carta Apostólica *Rosarium Virginis Mariae*, 16 de outubro de 2002. Disponível em: https://www.vatican.va/content/john-paul-ii/pt/apost_letters/2002/documents/hf_jp-ii_apl_20021016_rosarium-virginis-mariae.html

Discorso ai Partecipanti All'Assemblea Plenaria del Pon-

tificio Consiglio per Il Dialogo Inter-Religioso, 24 novembre 1995. Disponível em: https://www.vatican.va/content/john-paul-ii/it/speeches/1995/november/documents/hf_jp-ii_spe_19951124_dialogo-interr.html
Discurso do Santo Padre aos fiéis presentes na paróquia de São Sigismundo, em Czestochowa, 4 de junho de 1979. Disponível em: https://www.vatican.va/content/john-paul-ii/pt/speeches/1979/june/documents/hf_jp-ii_spe_19790604_polonia-jasna-gora-san-sigismondo.html
Mensagem para o 32º Dia Mundial das Comunicações Sociais, 24 de maio de 1998. Disponível em: https://www.vatican.va/content/john-paul-ii/pt/messages/communications/documents/hf_jp-ii_mes_26011998_world-communications-day.html
KENTENICH. Pe. José, *Maria Nische Erziehung,* Pädagogische Tagung, 18. - 21. Mai 1932 (Arquivo, Irmãs de Maria de Schoenstatt).
KENTENICH. Pe. José, *Às segundas-feiras ao anoitecer, diálogo com as famílias,* Vol. 3, Sociedade Mãe e Rainha, Santa Maria, 2010.
KENTENICH. Pe. José, *Mensagem à Família de Schoenstatt,* para o Dia do Católico na Alemanha, em 07 de setembro de 1968, 2ª edição, 2024, publicada como manuscrito, pelas Irmãs de Maria de Schoenstatt.
KENTENICH. Pe. José, *Que se faça o Homem Novo,* 2 a 5 de outubro de 1951, Ed Pallotti, Santa Maria, 1999.
MELLO, Alexandre Awi. *"Ela é minha mãe!"* Encontros do Papa Francisco com Maria, Ed Loyola, 2013.
PONTIFÍCIO CONSELHO PARA AS COMUNICAÇÕES SOCIAIS, *Ética nas Comunicações Sociais,* 4 de junho de 2000. Disponível em: https://www.vatican.va/roman_curia/pontifical_councils/pccs/documents/rc_pc_

pccs_doc_20000530_ethics-communications_po.html

SMIGLY. Douglas de Araujo, *O Mundo dos Fractais*, Palestra no Instituto de Matemática e Estatística, da Universidade de São Paulo (USP), em 27 de outubro de 2018. Disponível em: https://www.ime.usp.br/~dsmigly/ensino/palestras/O%20Mundo%20dos%20Fractais.pdf

VAN THUAN. François X. N., *Testemunhas da Esperança*, Ed. Cidade Nova 2007.

Este livro foi composto com as famílias tipográficas Adelle, Optima e Segoe UI
e impresso em papel Offset 70g/m² pela **Gráfica Santuário.**